25 leçons de tango

Quelques-unes des choses que le tango
m'a apprises sur la vie et vice versa

ANDREA SHEPHERD

*Couverture et illustrations
par Juan C. Raggo*

Traduction :
François Camus et André Valiquette
Révision :
André Valiquette

Copyright © 2021 Andrea Shepherd

Tous droits réservés. Aucune partie de ce livre ne peut être reproduite de quelque manière que ce soit sans autorisation écrite, sauf dans le cas de brèves citations incorporées dans des articles critiques.

Première impression, 2021

ISBN 978-1-7776975-2-5

À tous ceux qui aiment le tango autant que moi.

REMERCIEMENTS

Ce projet n'aurait pas vu le jour sans l'aide et l'encouragement de nombreuses personnes qui ont contribué à sa réalisation de manière directe, mais aussi indirecte. Je remercie :

L'artiste Juan C. Raggo, dont j'adore le travail et qui a généreusement accepté de collaborer avec moi sur ce projet, embellissant ainsi ses pages.

Mes éditeurs et traducteurs intelligents, talentueux, généreux et assidus, dont les modifications, suggestions et questions ont amélioré mon écriture : François Camus, Laura Major et André Valiquette.

La magnifique photographe Isabelle-Blanche Pinpin, qui a réussi à me mettre à l'aise devant la caméra et à découvrir mon côté photogénique caché.

Mes lecteurs, fans et commentateurs de blogue, qui m'ont aidé à croire que ce que j'écris vaut la peine d'être lu. Marcel Vachon et tous les autres qui m'ont dit : « Tu devrais écrire un livre! »

Tous les professeurs de tango qui ont contribué à mon développement ou à ma carrière de danseuse de tango, y compris ceux qui m'ont enseigné dans mes premières années et ceux avec qui j'ai travaillé ces dernières années, notamment : Caroline Demers, Carlos Gavito, Santiago Gimenez, Leandro Haeder, Hebe Hernández, Corinne Krikorian, Jorge López, Luis López, Juliana Maggioli, Sandra Naccache, Silvana Nuñez, Mylène Pelletier, Diane Rivest, Ivan Romero, Bobby Thompson et Jean-Sébastien Viard.

Les deux professeures de danse qui m'ont aidé à trouver ma voie : Nancy Scheiber, qui m'a appris dans mon enfance comment m'exprimer avec mon corps ainsi qu'une leçon essentielle : comment marcher du talon aux orteils, et Helena Voronova, ma professeure de ballet sévère et bien-aimée tout au long de mon adolescence.

Mes professeurs de yoga, qui ont énormément contribué à ma danse, à mon enseignement et à ma compréhension de la posture et de l'anatomie ainsi que de moi-même et de mon propre corps : Hervé Blondon, Clearlight Gerald, Joanne Gormley, Joanne Ransom, François Raoult et (spécialement) Josephine Vittoria.

Mes élèves, qui sont trop nombreux pour être nommés, mais de qui j'apprends autant qu'eux-mêmes de moi.

Les membres de ma famille qui ont toujours cru en moi et m'ont soutenu dans mes efforts d'écriture et de danse : mes parents, Harvey et Jean Shepherd; mes enfants, Mia Mercado-Shepherd et Shane Shepherd; mon frère et ma belle-sœur Sandra Cohen et Hugh Shepherd; ma meilleure amie depuis toujours, Dawn Lemieux; et enfin, mais non le moindre, mon partenaire dans la vie, l'amour, la danse et les affaires, Wolf Mercado, avec qui j'ai grandi en tant que danseuse, professeure et comme être humain pendant près de deux décennies : tu as cru en nous et en notre rêve tango plus que quiconque, y compris moi-même, et je te remercie de m'avoir soutenu dans chaque projet que j'ai entrepris, du tango au yoga en passant par l'écriture et bien plus.

TABLE DES MATIÈRES

Introduction
La vie est un tango
1

Leçon 1
Le tango évolue et nous devons évoluer aussi
4

Leçon 2
Le langage du tango
9

Leçon 3
Pas de leçons sur la piste de danse SVP
15

Leçon 4
Les cinq connexions essentielles
22

Leçon 5
Ces huit qualités feront de vous un meilleur danseur
29

Leçon 6
C'est agréable d'être important,
mais c'est plus important d'être agréable
38

Leçon 7
L'étreinte est tout
44

Leçon 8
La posture est tout
48

Leçon 9
La musicalité est tout
54

Leçon 10
Oui, vous avez besoin de pas
62

Leçon 11
La vérité est... insaisissable
68

Leçon 12
Vous avez besoin d'avoir la peau dure pour danser le tango
73

Leçon 13
Il faut savoir guider et suivre
82

Leçon 14
Comment franchir le seuil du niveau avancé
87

Leçon 15
Soyez clair sur ce que vous voulez
95

Leçon 16
Acceptez que les choses n'aillent pas toujours tel que planifié
101

Leçon 17
Traitez bien vos pieds
106

Leçon 18
Les codes de conduite existent pour une bonne raison
116

Leçon 19
Pratiquez la gentillesse
125

Leçon 20
Travaillez fort, ayez du plaisir
130

Leçon 21
Le tango n'est pas pour tout le monde
136

Leçon 22
Le tango peut être dur pour les couples
143

Leçon 23
Le tango est un voyage de découverte de soi
152

Leçon 24
Méditango : une pratique bénéfique
157

Leçon 25
Vivre sa passion est effrayant, mais ça vaut le coup
163

Leçon supplémentaire
Terminologie du tango
169

À propos de l'auteure
182

Introduction

LA VIE EST UN TANGO

C'est un peu étrange de compiler des essais pour cette collection pendant la pandémie de COVID-19, lorsque des activités sociales comme le tango sont, ont été et continueront pendant un certain temps d'être parmi les plus durement touchées et les plus largement fermées. Le tango a connu plusieurs déclins au cours du siècle dernier, mais à chaque fois il est revenu transformé et plus fort que jamais. Espérons que cette fois ne fera pas exception.

Le tango a changé ma vie et est devenu à bien des égards ma vie au cours des deux dernières décennies. J'ai commencé à danser le tango socialement en 1997 et j'ai quitté ma carrière pour ouvrir mon propre studio et m'y consacrer à plein temps une décennie plus tard. Plus de dix ans après, je crains pour l'avenir de la danse que j'aime et ce qui est bien plus qu'une nouvelle carrière : c'est une passion, une communauté et un mode de vie.

Avant de devenir une professionnelle du tango à plein temps, je révisais, et écrivais parfois, des articles occasionnels. Travailler dans le monde du tango et l'enseigner vont au-delà de l'enseignement de la danse pour y intégrer l'histoire, la culture, les problèmes psycho-émotionnels et les relations interpersonnelles. En pensant de plus en plus à tout ce qui se présentait quotidiennement dans ma vie d'enseignement, d'organisation et de danse, j'ai finalement ressenti le besoin de trier mes pensées, de les écrire et ensuite de les partager. Donc, en 2014, j'ai écrit un article de blogue, puis un autre et un autre. J'ai rassemblé un petit public et les gens ont commencé à me dire que je devrais écrire un livre.

Mais un projet comme celui-là prend du temps et j'étais occupée à élever ma famille et à gérer mon entreprise, donc cela est resté en veilleuse pendant quelques années. Et puis cette pandémie est arrivée et, bien que terrible pour le tango, elle m'a donné le temps de revenir à d'autres choses que j'avais négligées, y compris l'écriture en général et ce livre en particulier.

Je ne me considère pas comme une grande autorité sur l'histoire du tango, mais au cours des 20 dernières années, je suis devenue une enseignante très expérimentée et une observatrice passionnée de la nature humaine, du comportement et des relations. À peu près tout dans le tango est un microcosme de la vie en général, et à peu près tout ce que nous apprenons sur la piste de danse est également une leçon de vie. En même temps, à peu près tout ce que nous apprenons sur la vie peut s'appliquer à notre danse, de la façon dont nous nous comportons dans les relations à la façon dont nous bougeons notre corps.

La vie est donc un tango; j'y ai appris beaucoup de leçons au fil des ans.

J'espère que vous apprécierez votre lecture et apprendrez quelque chose sur le tango ou la vie ou les deux en cours de route.

Note aux lecteurs : Je crois qu'il est important d'être sensible et inclusif en ce qui concerne la langue et le genre, ces jours-ci plus que jamais. Le tango, une danse de partenaire traditionnellement homme-femme qui évolue rapidement, contient ses propres défis et particularités lorsqu'il s'agit de définir les rôles et le genre. La majorité des personnes qui guident sont toujours des hommes et la majorité des personnes qui suivent sont toujours des femmes, alors parfois je les appelle de cette façon. Mais tout aussi souvent, je me réfère aux guideurs comme « elle » et aux guidé(e)s comme « lui », car cela peut tout aussi bien être le cas. Aussi souvent que possible, j'essaie d'être neutre en termes de genre, en utilisant des pronoms pluriels comme « vous », « nous » ou « ils ». Et puis il y a les termes largement utilisés « leader » ou « guideur » et « guidée », que j'emploie fréquemment à la fois dans mon écriture et dans mon enseignement. Ces termes ont leurs propres inconvénients que j'aborde dans certaines des leçons, y compris la dernière, « Terminologie du tango », où vous trouverez également des définitions pour la plupart des mots d'espagnol et de tango que j'utilise.

Trouvez-moi en ligne à :
andreashepherd.ca
lavieestuntango.blogspot.com
montango.ca

Leçon 1

LE TANGO ÉVOLUE ET NOUS DEVONS ÉVOLUER AUSSI

J'ai suivi mon tout premier cours de tango en 1997. J'ai écrit cet essai en 2017, le premier d'une série de 20 articles pour marquer autant d'années de pratique du tango. Nous sommes maintenant en 2021, ce qui signifie que l'année prochaine marquera pour moi un quart de siècle de tango. Et quel voyage cela a été jusqu'à présent!

Est-ce que ça en a valu la peine? Absolument.

Est-ce que cela a été facile? Bien sûr que non.

Au fil des années, j'ai appris plusieurs choses. J'ai appris la confiance et l'humilité, j'ai appris à lâcher prise et à me défendre, à être à la fois plus dure et plus compréhensive, à guider et à suivre, à m'exprimer et à écouter, à être engagée et détendue, à anticiper ce qui est à venir tout en vivant le moment présent, à suivre les règles tout en pensant en dehors des sentiers battus.

Le tango a changé depuis mes débuts. La danse a évolué, les tendances et les usages ne sont plus les mêmes, ma ville s'est transformée et bien sûr moi aussi.

Dans le temps, l'apprentissage du tango consistait à apprendre des pas. À la fin de Tango 2, je crois que j'avais déjà appris les *ganchos* et les *boleos*, les *barridas* et les *sacadas*. Les enseignants ne parlaient pas vraiment de suivre la ligne de danse, ou la *ronda*. Tout au plus mentionnaient-ils que les danseurs se déplaçaient sur le plancher de danse dans le sens contraire des aiguilles d'une montre. Les DJ ne jouaient pas de *cortinas* pour distinguer les *tandas*; et personne n'utilisait le *cabeceo*.

Le spectacle « Forever Tango » de Broadway faisait une tournée mondiale tandis que les films « La Leçon de tango » de Sally Potter et « Tango » de Carlos Saura venaient tout juste de sortir. Autour de nous, il y avait des figures tape-à-l'œil et de la musique dramatique en abondance. Les pièces instrumentales de Pugliese et les bandes sonores de ses films et spectacles jouaient partout.

Quelques années plus tard, le nouveau groupe Gotan Project a introduit un son nouveau, tout aussi dramatique et résolument moderne qui annonçait les temps à venir. Les chaussures de tango importées d'Argentine n'étaient pas encore facilement disponibles, alors nous dansions avec ce que nous pouvions trouver.

Montréal était déjà un joueur majeur sur la scène du tango nord-américain, et on pouvait déjà danser sept soirs par semaine, mais chaque soir il n'y avait qu'une seule milonga au programme, alors toute la communauté savait où aller, se rassemblait et chaque événement était un succès assuré.

Dix ans plus tard, la musique de style électrotango fusion de Gotan Project faisait rage et était réinventée par Bajofondo, Narcotango et de nombreux autres. Avec cette musique « nuevo » est venu un style de danse que les gens appelaient aussi tango nuevo caractérisé par son étreinte élastique, ses figures expérimentales hors axe et d'énormes boleos exécutés par de jeunes tangueras flexibles portant d'amples pantalons, funky et confortables. Le trafic sur plusieurs planchers de danse était un vrai cauchemar.

Quelques studios de danse vendaient des chaussures des marques Comme Il Faut et Neo Tango d'Argentine. Les pieds de toutes les meilleures danseuses étaient parés de tissus colorés, pailletés, ouverts aux orteils et montés sur des talons aiguilles. Paradoxalement, les *cortinas* étaient jouées dans presque toutes les *milongas*, de même qu'une part de plus en plus importante de musique de tango moderne et expérimentale, de Gotan et Otros Aires en passant par des choix de musiques alternatives allant des Beatles à Édith Piaf. La scène du tango montréalais avait commencé à s'étendre au-delà du Plateau Mont-Royal et du centre-ville allant vers l'Est, l'Ouest et même en dehors de l'île dans une ou deux banlieues.

Peu de temps après est venu un fort ressac contre toute forme de musique tango « *nuevo* » ainsi qu'envers les styles de danse qui occupent plus que leur juste part d'espace sur le plancher de danse. La musique de l'Âge d'or du tango est rapidement revenue en force au cours de la dernière décennie, de même que l'étreinte rapprochée, une ligne de danse conviviale et le style de danse *milonguero*. Maintenant, aucun DJ n'omet les *cortinas* et presque tous les enseignants encouragent l'usage du *cabeceo* ainsi que le respect de la *ronda* sur le plancher de danse. Plusieurs marques de chaussures haut de gamme à production limitée importées d'Argentine et d'Europe sont vendues dans presque tous les studios de tango. Des vêtements conçus pour le tango sont aussi disponibles partout, fabriqués en quantité limitée par de petits designers. Les pantalons amples sont passés de mode, remplacés par des jupes moulantes à hauteur de genou, parce que plus personne ne lance les jambes en l'air, du moins pas dans les *milongas*.

Montréal est toujours une grande ville de tango, mais d'innombrables autres villes en Amérique du Nord et ailleurs dans le monde ont pris le pas, nous ont rattrapées et même surpassées. Le tango est devenu mondialisé, grâce pour une large part à YouTube, Facebook et autres média sociaux, tout cela renforcé par la multiplication des voyages à l'étranger. Les tendances en musique et en danse se déplacent avec les danseurs. Nous sommes de plus en plus influencés par le style et les mouvements des maestros d'Argentine, d'Europe et d'ailleurs dans le monde. Au cours des dernières années, les *milongas* ont poussé comme des champignons, ici même à Montréal et dans les banlieues. Il peut y avoir jusqu'à cinq *milongas* offertes le même soir, ce qui signifie qu'il y a beaucoup de choix pour les danseurs, mais les organisateurs ne sont plus assurés d'avoir du succès.

Certaines personnes qui dansent depuis aussi longtemps que moi (ou davantage) sont nostalgiques de l'époque où les choses étaient supposément plus simples, plus conviviales et plus insouciantes. Je crois cependant qu'au tango, comme dans la vie, plusieurs personnes voient le passé avec des lunettes roses. Peut-être que personne n'interrompait notre plaisir en nous faisant une remontrance au sujet de la ligne de danse, mais une navigation insouciante était généralisée et il y avait de nombreuses collisions sur le plancher de danse. Peut-être que personne ne nous poussait à utiliser l'étrange *cabeceo*, mais il y avait alors ces inconfortables moments de rejet, de refus embarrassant et de piètres excuses. Le monde des affaires du tango était moins complexe et il était facile de retrouver nos amis à la seule *milonga* du vendredi soir, mais il y avait moins de choix et la variété n'ajoute-t-elle pas du piquant à la vie? De toute façon, mieux vaut accepter les choses telles qu'elles étaient, hier comme aujourd'hui… jusqu'à la prochaine évolution, laquelle est évidemment déjà amorcée.

Qu'est-ce qui s'en vient? La tendance est que les enseignants délaissent de plus en plus les séquences complexes et les mouvements impressionnants pour travailler la posture, la musicalité, la technique et l'étreinte tout en insistant sur le respect de la ligne de danse et l'utilisation du *cabeceo* (Yé!). En même temps, au plan musical, je constate un ressac contre le ressac : plusieurs danseurs demandent maintenant aux DJ de sortir des sentiers battus et de penser à nouveau au-delà de l'Âge d'or. Au-delà de cela, je peux seulement attendre et voir ce qui adviendra, comme tout le monde. Et je l'attends avec impatience!

Depuis un an de pandémie, le tango est principalement dansé en ligne et dans nos salons. Plus que jamais, nous vivons des sentiments mixtes de nostalgie et d'anticipation. J'ai hâte d'accueillir le retour du tango social et des grandes milongas *ainsi que de voir comment la danse va évoluer au lendemain de cette crise mondiale.*

Leçon 2
LE LANGAGE DU TANGO

Lorsqu'on enseigne le tango, qu'on l'étudie ou simplement lorsqu'on en parle, on est amené à comparer cette danse à bien des activités : la conduite automobile, différents sports, l'architecture, les relations humaines – mais l'analogie que je préfère associe le tango au langage. Je n'invente rien, je remarque que c'est ce qui me vient le plus souvent à l'esprit et je crois simplement que c'est la meilleure comparaison.

D'abord, le tango est sans nul doute une forme de communication. C'est une conversation... non verbale, entre deux personnes. Le guideur engage la conversation, la guidée répond et le guideur réagit à cette réponse. Comme dans la communication verbale, les meilleurs communicateurs sont ceux qui font preuve de capacité d'écoute. C'est vraiment plaisant de guider des danseuses qui attendent les indications du leader, qui captent les subtilités des mouvements et qui prennent le temps et l'initiative de s'exprimer dans leur réponse. Et réciproquement, les leaders qui accordent cette attention à leurs partenaires, qui leur laissent le temps de s'exprimer et de compléter un mouvement avant d'en suggérer un autre sont très prisés.

De plus, au même titre que dans la communication verbale, interrompre son interlocuteur est impoli. Pour les leaders, ce serait l'équivalent de ne pas laisser sa partenaire compléter un mouvement avant de guider le suivant. Pour les guidées, ce serait d'anticiper le mouvement suivant et ne pas attendre les indications. Si je vous interromps lorsque vous me parlez, je suis en fait en train de vous dire que ce que vous dites ne m'intéresse pas ou n'est pas aussi important que ce que je m'apprête à dire. C'est la même chose sur le plancher de danse.

Ce qu'il y a de merveilleux dans le genre humain, c'est que nous sommes tous différents et que nous nous exprimons donc différemment. Donc, il n'y a pas une conversation qui est identique à une autre. Pour ce qui est du tango, il faut non seulement comprendre cela, mais l'intégrer à sa pratique. Chaque guidée répondra différemment à une indication et chaque leader répondra autrement à la réaction de sa partenaire. Et ainsi va la conversation.

Bien sûr, le niveau d'expertise d'un danseur a beaucoup à voir avec sa capacité d'aller loin dans l'expression de soi. Ce qui m'amène à aborder un autre aspect de la similitude entre le tango et le langage : le processus d'apprentissage. Vous devez apprendre l'alphabet avant de pouvoir écrire de la poésie, que ce soit en français, en anglais, en espagnol ou... en tango. Quand nous enseignons ou apprenons cette danse, nous commençons généralement avec quelques simples phrases, un *cuadrado*, un pas de base sur huit temps, des *ochos* avant et arrière dans des figures de base, mais au bout du compte, les danseurs ont besoin d'aller au-delà des séquences toutes faites et d'apprendre à créer les leurs. Sinon, ils ne continueront qu'à seulement imiter leurs professeurs ou d'autres danseurs plutôt que d'apprendre à s'exprimer. Dans ce sens, il est important d'apprendre les rudiments du tango correctement et ne pas se laisser fasciner par les figures impressionnantes ou sophistiquées (ni par des mots ronflants ou des formules percutantes). Si nous prenons le temps d'apprendre et d'assimiler les règles de base, alors quand viendra le temps d'aller au-delà de ces règles et d'écrire de la poésie, ce sera très beau.

Pour la majorité d'entre nous, le tango n'est pas une langue maternelle, c'est plutôt une langue seconde. Comme pour tout langage, notre facilité à le danser dépend de quand, où et comment nous l'avons appris. Si nous voulons maîtriser un nouveau langage, la meilleure technique reste l'immersion. Alors, ce sera très productif de pratiquer ce langage régulièrement avec des gens différents qui le maîtrisent bien. De plus, apprendre les concepts fait partie de l'apprentissage et permet d'apprendre les règles et de parler correctement. Donc, prendre des leçons, participer régulièrement à des *prácticas* et à des *milongas* et danser avec différents partenaires vont faire évoluer le danseur.

Se rendre à Buenos Aires pour une immersion est un choix tentant, mais non nécessaire pour apprendre le tango argentin, tout comme il n'est pas nécessaire d'aller en Espagne pour apprendre l'espagnol. Tout ce qu'il faut, c'est d'être là où la langue est parlée – ou bien là où le tango est dansé, et cela, fréquemment et à un bon niveau. Alors Montréal, Paris, Istanbul et bien d'autres villes autour du monde offrent une qualité de tango qui vous permet de l'apprendre et de le maîtriser, à un niveau aussi avancé que vous le voudrez. Sans oublier qu'étudier l'histoire (d'une langue ou du tango), se familiariser avec sa culture et visiter son lieu de naissance donneront de la profondeur et de la perspective à cette initiation.

Maintenant une remarque pour les *tangueros* ou *tangueras* avancés (et les locuteurs d'une nouvelle langue) : pour aider les débutants qui commencent à apprendre ce nouveau langage, laissez les professeurs donner leurs leçons et organiser le programme. Imaginez un instant que vous teniez une conversation avec quelqu'un et que cette personne vous interrompait sans cesse pour corriger votre prononciation, suggérer une expression différente, ou vous indiquer comment mieux exprimer vos pensées! Peut-être que ce partenaire apprendrait un peu à partir de vos conseils, mais ce ne serait pas très agréable. Tout ce que vous devez faire pour aider les débutants à évoluer, c'est de parler – je veux dire danser – lentement et lisiblement pour être sûr d'être compris. Ils vont apprendre de vous – avec plaisir.

Souvent quand des gens me demandent des informations sur nos cours et qu'ils dansent déjà d'autres danses – ballroom, salsa, swing – ils espèrent ne pas avoir à tout réapprendre depuis le début, vu qu'ils savent déjà danser. Là encore, je suggère de revenir à cette comparaison entre le tango et l'apprentissage d'une nouvelle langue. Si je parle déjà anglais et que je veux apprendre le russe, est-ce que ça a pour conséquence que je devrais m'inscrire tout de suite à une classe intermédiaire de russe? Bien sûr que non! Toutefois, si je parle déjà deux ou trois langues, il y a de bonnes chances que je puisse en apprendre une quatrième plus rapidement que quelqu'un qui n'a jamais fait cette expérience auparavant. Les gens qui dansent d'autres danses apporteront probablement un sens de la musicalité plus aiguisé, une meilleure conscience corporelle et plusieurs autres habiletés qui peuvent accélérer leur apprentissage, mais ils auront quand même besoin de commencer par le début.

Tout comme pour le langage ou quoi que ce soit que nous voulons apprendre, il y a des gens qui ont un don pour assimiler rapidement, mais en travaillant fort, en s'appliquant et en pratiquant sans relâche, tout le monde peut apprendre le langage du tango. Certains peuvent être poètes naturellement, alors que d'autres vont tout juste réussir à communiquer.

Alors que veut dire maîtriser le langage du tango ?

Une fois que nous avons appris à marcher avec un partenaire, face à face, nous communiquons déjà à un niveau élémentaire, mais convenons que nous avons besoin d'un vocabulaire un peu étendu et d'une certaine aisance pour l'exprimer avant qu'on puisse se dire qu'on danse vraiment le tango.

Par ailleurs, prononcer des mots compliqués ou en mode superlatif n'est pas la marque d'un grand communicateur. Il est préférable de se servir de mots – ou de mouvements – que notre partenaire peut comprendre et suivre plutôt que d'essayer de l'impressionner avec un vocabulaire qui passe droit par-dessus la tête. On peut connaître des mots rares, mais il est important de s'en servir au bon moment et avec les bonnes personnes.

En résumé, il y a plusieurs points à considérer : de bonnes qualités d'écoute, un désir et une capacité de s'exprimer, des techniques de base, une compréhension approfondie des règles – et de savoir quand les oublier – un vocabulaire étendu et choisi soigneusement, une attention et un respect pour les capacités de notre partenaire... maîtriser un langage signifie plus que d'en connaître la syntaxe : nous avons besoin de saisir les règles et la structure, mais aussi de libérer notre expression de soi avec fluidité et éloquence; nous devons aller au-delà des prescriptions du langage et développer nos talents de communication et notre créativité.

Finalement, nous devons nous souvenir que, peu importe comment nous parlons – ou croyons que nous parlons – le langage du tango, nous continuons toujours à apprendre. Personne ne connaît tous les mots du dictionnaire et, par ailleurs, la langue évolue continuellement et en conséquence... tiens, c'était le sujet du texte précédent!

Leçon 3

PAS DE LEÇONS SUR LA PISTE DE DANSE SVP

Les enseignants autoproclamés sur le plancher de danse sont ma bête noire numéro un, je vous le confirme à titre de professeure de danse, d'organisatrice de *milongas* et de danseuse.

Pour qui que ce soit, autant les guideurs que les guidées, se faire reprendre ou corriger par notre partenaire nous fait toujours nous sentir mal à l'aise, d'une façon ou d'une autre. Premièrement, faire cela, c'est interrompre cette conversation qu'est la danse, et lui laisser bien peu de chances de créer ce moment spécial que l'on peut éprouver dans une connexion réussie.

Deuxièmement, cela place « l'instructeur » dans une position d'autorité ou de supériorité, méritée ou pas (sans doute pas). Avec pour résultat que « l'élève » aura tendance à se sentir inférieure, ce qui gâche l'idée d'un partenariat d'égal à égal.

Troisièmement, le fait de donner des instructions à notre partenaire revient à lui faire porter le blâme pour tout problème de communication, ce qui place cette personne sur la défensive et entraîne des erreurs. Ces expériences négatives peuvent être très fugaces pour un danseur qui a une certaine expérience et une réserve de confiance en soi, mais elles peuvent aussi persister et gâcher le reste de sa soirée, voire toute son expérience future en tango.

Rejeter le blâme

Comme enseignante, je désapprouve les « instructeurs » autoproclamés pour plusieurs raisons, la moindre n'étant pas qu'ils nuisent au travail des vrais professeurs. Nous possédons un entraînement, une expérience et une expertise (en tout cas, les bons professeurs). Nous proposons une méthode que nous avons élaborée durant plusieurs années. Nous connaissons des techniques à titre de danseurs et d'enseignants. Et nous comprenons les deux rôles. Les professeurs peuvent maîtriser à des niveaux différents « l'autre » rôle, mais un enseignant digne de ce nom aura au moins acquis une solide compétence et, encore plus important, une compréhension de ces deux mondes. Nous sommes donc capables de voir les deux côtés de la médaille et d'imaginer des solutions, de celles qui ne font pas porter le blâme à personne, mais permettent des ajustements ou des améliorations des deux côtés. Tout danseur expérimenté peut réaliser où est l'erreur, mais c'est seulement un professeur expérimenté qui pourra mettre le doigt sur les causes sous-jacentes à de telles erreurs.

Imaginons un couple de danseurs dont la guidée perd la connexion et, du même coup, son équilibre, chaque fois qu'elle pivote d'une certaine façon. Son guideur peut observer son « erreur » - par exemple, qu'elle a une posture asymétrique en pivotant - alors, il pourrait lui dire de ne pas se pencher ou de ne pas exercer de pression sur sa main. Mais ce leader peut ne pas réaliser que, en réalité, il déstabilise sa partenaire en déplaçant son bras, ou en changeant soudainement son axe et donc en lui rendant difficile de garder une bonne posture. Réciproquement, une guidée, dans la même situation, peut blâmer son guideur pour la déstabiliser dans les pivots, alors qu'en réalité elle pourrait apporter elle-même certains ajustements - garder ses deux pieds au plancher, orienter ses orteils vers l'extérieur, ne pas laisser aller son bassin vers l'avant - pour rester droite et sur son axe, indépendamment des capacités techniques du leader.

Dans nos cours, nous décourageons ouvertement l'enseignement et les critiques entre les danseurs même pendant les leçons. C'est ce comportement qui engendre le plus de plaintes, des personnes seules qui veulent changer de partenaire (ou abandonner complètement), jusqu'aux couples qui prolongent jusqu'à la maison les conflits amorcés sur la piste de danse (mon partenaire de danse et moi avons souvent l'impression que nous offrons aussi un peu de thérapie de couple).

Même les professeurs doivent se retenir de donner des conseils pendant une *milonga*. Le code de conduite s'applique à nous aussi. Mieux, il faut donner l'exemple. Quand nous dansons, nous ne sommes pas des professeurs, nous sommes des danseurs. Nous enseignons à ceux qui nous demandent de leur donner des leçons, mais être capables d'enseigner n'implique pas de se sentir obligés d'offrir des conseils non désirés à tous ceux qui sont à notre portée, ou bien de modifier le style ou la technique de chaque danseur avec qui nous sommes en contact. De toute façon, nous méritons bien de laisser tomber notre chapeau de professeur pour relaxer et profiter de la danse dans notre temps libre!

Bloquer la circulation

À titre d'animatrice de *milongas*, je n'apprécie pas ces leçons données à la sauvette sur le plancher de danse parce qu'elles bloquent la circulation sur la piste et même aux alentours. Le tango est une danse sociale, ce qui signifie que nous ne dansons pas seulement avec notre partenaire, cela veut dire aussi que nous dansons avec tous les autres couples qui sont sur le plancher. La fluidité de la circulation est au mieux quand tous les danseurs font attention à ce qui se passe autour d'eux tout en essayant d'avancer. Un couple qui est en panne sur la piste, en train de se donner des leçons, de discuter ou de réviser une figure, crée un goulot d'étranglement à sa suite et bloque la circulation.

Mais comment cela nuit-il la qualité de l'expérience hors de la piste de danse? Avec les années, j'ai arrêté de compter le nombre de personnes qui se sont plaintes à propos des partenaires qui jouent au professeur et formulent des remarques condescendantes. J'ai vu des gens partir fâchés ou sur le bord des larmes après une *tanda* particulièrement tendue parce que l'énergie et l'enthousiasme de leur soirée avaient été gâchés par un partenaire insensible. Si un danseur a une expérience négative à ma *milonga*, le succès de la soirée dans son ensemble est affecté jusqu'à un certain point. Bien sûr, il n'est pas possible d'éviter des difficultés de temps en temps, mais il y a une façon, pour chaque danseur, de contribuer à un bon climat : ne jouez pas au professeur sur le plancher de danse !

Des émotions pénibles

Comme danseuse, je déteste me faire donner la leçon et être corrigée ou évaluée pendant que je danse parce que cela perturbe l'état d'abandon que j'apprécie tant quand j'ai une bonne connexion. Aussi, ça fait remonter à la surface des émotions pénibles comme la déception, un doute sur moi-même, une attitude défensive ou du ressentiment. Des réponses sarcastiques me trottent dans la tête – mais je suis polie et professionnelle, alors je les garde pour moi. Je rigole ou je grince des dents le reste de la *tanda* et je fais de mon mieux pour éviter le danseur à l'avenir.

Et je suis chanceuse. Je danse la plupart du temps dans les *milongas* que j'organise, alors même les pires « instructeurs » n'essaient pas de me donner une leçon. Mais je reçois de temps en temps un condescendant « *muy bien* » (qui est bien intentionné, j'en suis sûre, mais qui fait l'effet d'une petite tape sur la tête), et alors si un *tanguero* essaie de guider une séquence particulièrement complexe de mouvements élaborés et si je rate quelque chose, il va essayer de m'expliquer ce que « j'aurais dû » faire. En mon for intérieur, je m'énerve : « Aurais-je dû? Vraiment? Et bien, *tu aurais dû* l'indiquer correctement si tu avais voulu que je le fasse. Et, au fait, essaie donc de tout simplement marcher de temps en temps. Écoute la musique et mets donc la pédale douce pour les rondes de *ganchos* et de *volcadas...* ». Mais en surface, je souris et hoche la tête.

J'ai été estomaquée quand une collègue professeure, une jeune et très talentueuse tanguera, m'a dit qu'un danseur que nous connaissons – un de ceux qui ont la réputation de déstabiliser les gens par des jugements et des remarques condescendantes – l'a informée, donc, qu'elle était devenue une assez bonne danseuse et qu'il lui donnait un « 7 ». Sur 10.

Les exemples que j'ai mentionnés ici illustrent de mauvais comportements des leaders, puisque je suis une femme et que j'ai souvent le rôle de guidée, alors c'est basé sur mon expérience. Mais les femmes aussi peuvent véhiculer ces mauvais comportements d'offrir des conseils non désirés pour faire un bon *abrazo*, marcher ou guider. Les hommes ont plein d'histoires à raconter où ils se rappellent de petites remarques telles « Ça montre que tu ne pratiques pas souvent ». Incroyable!

Et si on commence à douter de soi-même quand on rencontre de telles situations, rappelons-nous que les partenaires « instructeurs » qui corrigent régulièrement leur partenaire ne sont pas eux-mêmes particulièrement bons sur la piste. Pour les leaders, cela se manifeste lorsqu'ils essaient de faire des mouvements qu'eux-mêmes ou leurs partenaires ne sont pas prêts à exécuter. Pour les guidées qui donnent des conseils, cela laisse supposer que leurs capacités à suivre sont encore en gestation. (Les bonnes guidées peuvent suivre tous les guides, à tous les niveaux). Ceux qui corrigent leur partenaire le font parce qu'ils ne savent pas comment s'améliorer eux-mêmes.

Comprenez-moi bien, nous pouvons tous améliorer notre danse, amateurs ou professionnels (comme professeure, je dois travailler plus fort que quiconque sur ma technique pour présenter le meilleur exemple possible). Mais il y a un temps et une place pour enseigner et recevoir un enseignement et la *milonga* n'en est pas une.

Comme danseurs, ce n'est pas à nous de faire entrer nos partenaires dans un moule idéal. On ne devrait pas essayer de les façonner à notre image; il faut les accepter comme ils sont et nous adapter à eux pour les dix minutes de la *tanda*. Cela, comme toujours, s'applique aux guideurs et aux guidées. Si chacun essaie de s'adapter à l'autre, nous allons nous approcher davantage d'un axe équilibré qui rend agréable notre expérience de danse.

Essayons ceci : plutôt que de chercher ce qui a besoin d'être corrigé chez nos partenaires, trouvons plutôt ce qui fonctionne bien dans leur danse. Peut-être qu'untel a un bon sens du rythme et qu'une autre transmet une passion authentique. Pourquoi ne pas juste relaxer et apprécier un peu plus, laisser les leçons pour les périodes de classe et garder nos jugements (et le pointage!) pour nous-mêmes. Et, comme je le dis à mes enfants, si nous ne pouvons pas dire quelque chose de gentil, mieux vaut ne rien dire du tout (bien que... il faut dire merci).

Leçon 4

LES CINQ CONNEXIONS ESSENTIELLES

Le tango dansé est fondé sur la connexion. Connexion avec notre partenaire, bien sûr, mais il y a d'autres liens à explorer si nous voulons danser le tango en nous réalisant totalement, dans le plaisir. Il y a cinq domaines où nous avons besoin d'établir une connexion approfondie dans le but de raffiner notre danse et notre expérience de celle-ci.

Connexion un : le partenaire

C'est la connexion la plus manifeste, qui fait consensus. Le vieux proverbe : « Il faut être deux pour danser le tango » est fondé sur cette évidence. Le tango est la quintessence de la danse de couple. Sans partenaire, il n'y a pas de tango.

Toutefois, cela ne veut pas dire que nous ayons besoin d'un partenaire attitré. En tango, nous visons à trouver, créer et développer une connexion intense dans un laps de temps très court. Cela fait partie de la beauté, du style et des défis du tango. Cela peut être atteint avec un partenaire attitré ou une variété de partenaires occasionnels. Ou les deux. Peut-être ce soir allons-nous danser seulement ensemble et demain soir avec la moitié des danseurs sur le plancher. Ce n'est pas un problème. Tout ce que nous faisons pendant la danse devrait être induit ou inspiré par la personne avec qui nous dansons.

Tant pour les leaders que pour les guidées, si nous sommes capables de porter attention à nos partenaires davantage qu'à nous-mêmes, nous allons nous dépasser dans notre propre rôle. Si nous pensons à prendre soin de nos partenaires, à les aider en guidant ou en suivant mieux, ou en leur donnant le temps et en étant patient avec eux, nous allons leur permettre de danser avec plus d'aisance et de plaisir. La relation en tango n'est pas linéaire, elle est circulaire, c'est un lien de réciprocité entre deux partenaires; alors, ce que nous donnons nous sera rendu. Ce qui nous amène à la deuxième connexion importante.

Connexion deux : soi-même

Si le partenaire, c'est ce qui compte, alors pourquoi avons-nous besoin d'une bonne connexion avec nous-mêmes? Eh bien, c'est parce qu'il y a davantage que cette relation avec le partenaire. C'est le couple qui est concerné et nous en formons la moitié. On dit qu'on ne peut pas vraiment aimer quelqu'un si on ne s'aime pas soi-même. De même, on ne peut vraiment connaître une autre personne si on ne se connaît pas soi-même.

Pour les professeurs de tango, un des obstacles les plus difficiles à surmonter dans l'enseignement auprès de certains étudiants est leur manque de conscience corporelle. Parce que le tango est avant tout une danse sociale, qui est pratiquée par beaucoup de couples d'âge moyen pour qui c'est une première expérience de danse, on retrouve finalement beaucoup de débutants qui ont peu de connaissance de leur corps. Peut-être qu'ils n'ont jamais porté attention – en étant laissés à eux-mêmes – à des dissociations qui se produisent lorsqu'ils se déplacent; peut-être qu'ils n'ont jamais pensé à la relation entre la position de leurs hanches et celle de leurs pieds et de leurs épaules; ils n'ont probablement jamais essayé de baisser leurs épaules en remontant leur coeur, tout en gardant les genoux souples et en relâchant les bras, tout cela en contact avec une autre personne... C'est déjà beaucoup de mettre en oeuvre un seul de ces conseils, particulièrement pour ceux pour qui tout cela est entièrement nouveau. Ce qui ne veut pas dire que des gens qui n'ont jamais dansé ne peuvent l'apprendre à 50 ou 60 ans. Bien sûr, ils le peuvent et plusieurs le font. Mais la conscience corporelle est un défi supplémentaire qui demande beaucoup de travail, de pratique et de patience pour être apprise (des disciplines comme le yoga ou le Pilates sont formidables pour élever la conscience corporelle – en plus de la force, de la souplesse et de l'équilibre – et peuvent accompagner très efficacement les leçons de tango).

Si nous connaissons notre corps et nous nous connaissons nous-mêmes, nous aurons un meilleur équilibre et un contrôle plus fin sur nos mouvements. Nous serons aussi plus enclins à nous faire confiance pour guider ce que nous voulons ou à suivre ce que nous ressentons. Nous devons nous connaître nous-mêmes tout autant que nous comprenons notre partenaire. Alors, *toute* la question ne tourne pas autour du partenaire. Les deux termes sont importants et si nous nous préoccupons des deux, on arrivera à danser avec une grande complicité, c'est ce que nous voulons atteindre. On peut en fait présenter ces deux premières connexions en un tout : le couple, composé de deux parties distinctes et égales. Mais si on vise à se mouvoir et à respirer comme une seule entité, il reste qu'on arrive à la danse avec sa propre individualité; c'est important de ne pas être trop passif, au risque de perdre notre identité au profit de son partenaire, ni d'être trop dominant et de le laisser dans l'ombre.

Connexion trois : la musique

C'est la connexion que je préfère. La musique est vraiment ce qui me transporte. C'est elle qui inspire mes pas et mes mouvements.

Mais la musicalité est particulière dans le tango argentin. Parce que nous pouvons improviser tellement sur cette musique, parce qu'il n'y a pas de routine qui nous oblige à initier tel mouvement avec une nouvelle phrase musicale ou de marquer les temps forts avec la régularité d'un métronome, les professeurs négligent souvent de proposer volontairement des séquences de danse ajustées à des phrases musicales et, souvent, les étudiants ne tiennent pas compte du tout de la musique, disant habituellement qu'ils ont trop de choses à gérer à la fois. Mais c'est une erreur. La danse et la musique ne peuvent pas être traitées séparément. Si les étudiants prennent l'habitude de considérer la musique comme un bruit de fond, ce sera difficile, plus tard, de renverser la vapeur et d'utiliser le rythme comme un guide pour tous leurs mouvements.

Comme danseurs, nous devrions vivre et ressentir la musique au même titre que tout autre instrument, en marquant le rythme et en dessinant la mélodie. De plus, pourquoi choisir la musique de tango, ou même n'importe quelle musique ? Nous dansons différemment en fonction de chaque genre musical ou de chaque orchestre – nous devrions, à tout le moins. Ce n'est pas suffisant de simplement écouter la musique et d'essayer de la suivre : nous avons besoin de laisser entrer la musique par toutes les pores de notre peau, toucher notre cœur, nous guider et faire corps avec nous. Tout comme le partenaire idéal.

Connexion quatre : le plancher

Ça semble aller de soi, mais c'est surprenant de constater à quel point beaucoup de danseurs n'arrivent pas à garder leurs pieds au plancher. Bien sûr, on sait tous qu'il faut être en contact avec le plancher pour marcher; nous n'avons pas vraiment le choix. Mais avec le tango, il faut aller au-delà de ce constat. Nous devons pleinement ressentir le contact avec le sol et notre connexion avec lui. Comme on dit en anglais, « the ground grounds us ». Il nous donne un appui, de l'équilibre et de la puissance.

Nous utilisons au mieux le plancher en travaillant *avec* la gravité, en la laissant assouplir nos genoux et donner du poids à nos pieds, nos hanches et nos épaules, avec pour résultat de nous permettre d'être droits et élancés, en donnant de l'expansion à notre colonne vertébrale et en relevant le coeur pour garder notre axe et notre élégance. En yoga, on évoque aussi, avec la position de l'arbre, ses racines – la connexion de l'arbre au sol – qui lui permettent de se ternir à la verticale sans pencher. Il en va de même pour le danseur de tango.

Le plancher nous donne de l'équilibre pourvu que nos deux pieds soient bien en contact avec lui, la jambe d'appui donnant une prise à notre axe pendant que la jambe libre élargit notre base de support et nous donne un repère. Comme les racines de l'arbre qui vont au-delà de la circonférence du tronc.

Le plancher nous donne de la puissance quand nous nous servons de notre jambe d'appui afin de propulser nos mouvements, pour marcher ou pivoter. Cette puissance donne de l'aisance à nos mouvements et un message clair à nos partenaires.

Les professeurs rappellent qu'il faut caresser le plancher, le lécher (avec nos pieds, bien sûr!), dessiner sur le plancher, être complice avec lui et le connaître intimement, y inclus chacune de ses fissures, aspérités ou cavités. Faisons tout cela, soyons familiers avec lui et cela nous aidera à être proches de nous-mêmes, de notre partenaire et de la musique.

Connexion cinq : le monde autour de nous

La dernière connexion, mais pas la moindre. En fait, elle est négligée par plusieurs danseurs.

Nous disons souvent que, lorsque ça va bien avec notre partenaire, le reste du monde n'a plus d'importance. C'est comme si on dansait dans notre bulle. Même si c'est un peu vrai, notre bulle devrait être transparente pour ne pas entrer en collision ou carrément crever la bulle des autres couples au milieu d'une *tanda*. Il faut donc danser avec respect, en limitant les pas hors de notre champ de vision, en évitant de suivre de trop près le couple devant nous, en n'occupant pas soudainement l'espace disponible devant un autre couple et en ne prenant pas trop de place sur un plancher bondé.

Mais plutôt que de danser *autour* des autres couples en les considérant comme des obstacles, nous pourrions essayer de danser *avec* eux. Si tout le monde faisait cela, la circulation dans les *milongas* serait beaucoup plus fluide, plaisante et, finalement, ce serait plus facile d'y naviguer. Le tango *salón* est une danse sociale, alors tous les autres danseurs sont une partie intégrante de notre art et de notre expérience. Nous devons accepter cela et accepter que les mouvements ou les figures que nous prévoyons faire puissent changer constamment en tenant compte de ce qui se passe autour de nous. Pas facile, sans doute, mais imaginez si tous les danseurs se déplaçaient comme un ensemble, sur la même musique, le même plancher, chacun dans un corps différent et avec un partenaire différent, mais en harmonie. Ce serait euphorique.

À certains moments, ces cinq connexions peuvent ne faire qu'un : nos corps se déplaceront avec grâce et confiance, en fusionnant avec nos partenaires et la musique, pleinement connectés, supportés par le plancher et en harmonie avec ceux qui nous entourent pour une expérience sublime qui nous transporte et nous rappelle pourquoi nous aimons tant cette danse.

Leçon 5

CES HUIT QUALITÉS FERONT DE VOUS UN MEILLEUR DANSEUR

Il est entendu que certaines aptitudes physiques facilitent l'apprentissage du tango (c'est vrai pour toutes les danses) : force, souplesse, équilibre, coordination, conscience corporelle, posture adéquate et sens du rythme, pour n'en nommer que quelques-unes.

Mais le tango se danse à deux, alors cela prend davantage

qu'un superbe aplomb ou une démarche assurée pour devenir le danseur de tango qu'on s'arrache : il faut aussi acquérir des habiletés de communication interpersonnelle qui ont plus à voir avec qui vous êtes qu'avec ce que vous pouvez accomplir.

Voici huit traits de personnalité qui vous permettront de devenir non seulement un meilleur danseur, mais aussi un partenaire extraordinaire.

Patience

Nous savons tous que la patience est une vertu – et ce vieux dicton demeure vrai sur le plancher de danse. Nous devons d'abord être indulgents avec nous-mêmes si nous voulons apprendre à danser et le mettre en pratique. Le tango argentin est une danse exigeante qui demande beaucoup de concentration et d'entraînement. Je suis la première à dire que le tango est à la portée de tout le monde, mais nous pouvons apprendre de différentes façons et à différents rythmes, alors pour ceux qui se débattent avec cela (c'est-à-dire beaucoup de monde), l'impatience – et la frustration qui l'accompagne – est souvent une cause d'abandon.

Donc, ça ne fonctionnera pas si nos partenaires sont impatients avec nous. Ce qui veut dire qu'il nous faut être patients, pas seulement avec nous-mêmes, mais aussi avec nos partenaires. C'est un peu facile de blâmer l'autre pour les « erreurs » que l'on fait lorsqu'on danse. Avant de lâcher un soupir, rouler de gros yeux ou faire des petits commentaires agacés, nous devons nous rappeler que si nous sommes en apprentissage, ils le sont aussi.

Et c'est vrai pour chacun d'entre nous, depuis toujours. Bien sûr, c'est plus facile après dix ans qu'après dix semaines, mais nous n'avons jamais fini d'apprendre et de renforcer nos habiletés. La patience nous donne une capacité de laisser aller nos idées préconçues et de nous laisser porter par le moment présent, en passant par-dessus nos « erreurs » et celles de notre partenaire, des erreurs qui n'en étaient pas vraiment, tout juste des moments bien humains de manque dans la communication qui peuvent facilement se transformer en occasions de transformation et de créativité.

La patience va aussi nous aider à suivre la musique, et du même coup à en tirer davantage de plaisir, et d'accompagner la communauté des danseurs sur le plancher de danse plutôt que de prendre de la vitesse et de faire du slalom le long de notre ligne de danse en coupant les autres danseurs.

Confiance

Cette qualité n'est pas évidente, mais c'en est aussi une grande. Si nous voulons atteindre une connexion profonde, nous devons faire confiance à notre partenaire.

Pour les guideurs, cela signifie d'admettre que notre partenaire est capable non seulement de nous suivre, mais aussi de *danser*. Avoir confiance dans ces deux aspects entraîne que nous pourrons guider avec assurance et non avec hésitation, en étant clairs et en laissant notre partenaire chercher le contact avec nous et la musique. Également, si nous faisons confiance à notre partenaire, nous allons éviter l'erreur courante de « surguider ». Rappelez-vous, la responsabilité du guideur n'est pas d'amener son (ou sa) partenaire du Point A au Point B, mais de *l'inviter* et de lui *permettre* de faire ses pas.

Pour les guidées, nous devons faire confiance à notre partenaire pour guider *quelque chose*. Si je n'accorde pas ma confiance à mon guideur, je vais faire ce que je *pense* qu'il (ou elle) veut que je fasse plutôt que ce qui est vraiment guidé.

Je n'ai pas besoin de savoir ce que mon leader est en train de penser, seulement ce qu'il est en train de faire. Donc, nous devons faire confiance à l'autre tout comme nous devons nous faire confiance. Si les leaders ont besoin de faire confiance aux guidées afin d'être clairs, ils ont aussi besoin d'avoir confiance en eux-mêmes, sinon, encore une fois, ils vont hésiter et transmettre cela à leur partenaire.

Pour les guidées, elles ont besoin de se faire confiance pour faire ce qu'elles ressentent et pour enchaîner un pas à la fois. Cela a l'air simple, mais trop de guidées se remettent en question constamment, se demandant, « Était-ce correct ? » « C'était quoi ce mouvement qu'on vient de faire ? » ou « Qu'est-ce qui s'en vient ? ». Des questions inutiles à mesure qu'elles nous viennent à l'esprit. Aussitôt qu'un pas est amorcé, c'est joué et on ne peut revenir en arrière. Correct ou erroné, voulu ou non, ça ne sert à rien de vouloir en juger. Tout ce que les partenaires peuvent faire, c'est de poursuivre à partir de là, et c'est ce que le tango est censé être. Si on peut accepter *cela*, on va moins s'en faire et danser davantage.

Assurance

Dans la même optique qui nous amène à nous faire confiance, l'assurance nous aidera à guider ou à suivre avec grâce et clarté et sans hésiter ou douter de nous-mêmes. Ce n'est pas toujours un trait de caractère facile à acquérir s'il ne s'affirme pas naturellement, mais cela peut venir avec le temps. Nous pouvons, évidemment, aider les autres danseurs à gagner de la confiance en eux en leur faisant confiance et en étant patients, entre autres. Et bien sûr, avec la pratique et un travail assidu vient une maîtrise grandissante de la danse, laquelle devrait mener à plus d'assurance. Lorsqu'on a conscience que l'on sait ce que l'on fait, cet état d'être se transmet à nos partenaires et les aide à nous faire confiance.

Mais nous n'avons pas besoin de beaucoup de vocabulaire ou d'années d'entraînement pour être capables de guider ou de suivre; c'est possible et encourageant d'élever son niveau de confiance à partir de la base qu'on a acquise. Les danseurs qui ont de l'assurance attirent plus de partenaires et, en retour, ils les aident à améliorer leurs capacités et à acquérir plus de confiance, ils gardent plus de partenaires réguliers, ainsi de suite.

Mais il faut distinguer la ligne de démarcation entre assurance et arrogance. Une véritable assurance à propos de ce que nous savons ne signifie pas que nous devrions croire que nous ne pouvons pas faire d'erreurs ou qu'on est meilleur que tout le monde.

Sens de l'humour

Si nous voulons améliorer notre danse, nous devons nous y consacrer sérieusement, mais sans pour autant nous prendre trop au sérieux.

Le tango est une danse d'improvisation, donc cela ne va pas toujours selon le plan établi, et ça ne devrait d'ailleurs pas aller selon un plan établi.

Presque chaque danseur s'est déjà rendu coupable d'un mouvement d'impatience momentané envers son partenaire ou envers lui-même ou bien en s'excusant trop lorsque des « erreurs » sont faites. Plusieurs danseurs ont aussi la fâcheuse habitude de signaler chaque erreur ou d'expliquer ce qui aurait « dû » être fait.

Encore une fois, les erreurs, souvent, n'en sont pas, donc, elles n'ont normalement pas besoin d'être mentionnées. Mais même lorsqu'une erreur de communication est flagrante et, sans conteste, maladroite, c'est du tango et on est censé le danser pour le plaisir, alors, pourquoi ne pas simplement en rire? Souriez, soyez indulgent envers votre partenaire, ne vous culpabilisez pas. Ainsi, tout le monde pourra relaxer et aller de l'avant plutôt que de repenser à des moments difficiles qui ont amené un inconfort qui pourrait perdurer lors de prochaines danses ou même toute la soirée qui autrement aurait pu bien se passer.

Passion

C'est du tango, après tout. Il est assez rare de rester tiède vis-à-vis du tango si on s'accroche assez longtemps pour être capable de le danser. Il est communément admis que le tango est la plus complexe des danses de couple, à cause de sa position rapprochée, de son étreinte assez intime et de son caractère improvisé, alors nous avons besoin de lui consacrer pas mal de temps si nous voulons approcher un niveau relativement avancé. Une fois par semaine n'est pas assez, les leçons doivent être combinées avec des périodes de pratique et de danse en *milongas*, en fait six mois d'expérience ne sont rien. Alors, si nous avons envie de dépenser une part significative de notre temps et, oui, de notre budget dans le tango, c'est que cette activité nous passionne. Par ailleurs, la passion rehausse la qualité de notre danse au-delà de la maîtrise technique et d'un bon sens du rythme. Les spectateurs le captent et, naturellement, nos partenaires le ressentiront aussi.

Générosité

Les danseurs talentueux sont populaires, pour des raisons

évidentes, et bien sûr, les danseurs jeunes et attirants aussi. Mais il y a un autre type de danseurs qui ont du succès : les danseurs sympathiques. Si je danse avec vous et que j'ai du plaisir, je vais sûrement chercher à répéter l'expérience, et mieux, je vais passer le mot. Beaucoup de facteurs peuvent contribuer à mon plaisir, parmi lesquels le niveau d'habileté et de sens de la musicalité, mais les danseurs qui donnent le plus de plaisir sont ceux qui font attention à leur partenaire. Si nous prenons soin de nos partenaires – en s'adaptant à leur niveau et en les faisant se sentir confortables avec leur performance, en ignorant les erreurs ou riant des petits faux pas, en n'utilisant pas les partenaires comme des boucliers ou des armes sur le plancher de danse – ils reviendront danser avec nous de nouveau. Les gens qui ont une attitude généreuse font passer les autres avant eux-mêmes; les danseurs de tango qui ont cette qualité font passer le plaisir de leur partenaire et leur bien-être avant le leur. Et cela leur est rendu, parce qu'un danseur qui rend ses partenaires heureux est à coup sûr un danseur heureux.

Une bonne capacité d'écoute

Dans la vie comme dans le tango, les meilleurs communicateurs sont des gens qui savent écouter. Les guidées se font expliquer dès le départ qu'elles doivent suivre - ou être à l'écoute - de leur partenaire. Cela vient naturellement à plusieurs d'entre elles, et pas si facilement à d'autres. Avec le temps, les guidées apprennent que leur rôle va bien au-delà de simplement suivre et qu'elles ont avantage à s'exprimer dans la danse. C'est là que le vrai plaisir commence, mais celles qui l'apprennent dans cet ordre – écouter d'abord et ensuite s'exprimer – deviennent les meilleures. Ceux qui « parlent » trop et écoutent peu tendent à deviner et à anticiper et n'établissent pas cette connexion qui autrement serait si agréable à éprouver dans la danse.

Quant aux guideurs, ils ont appris à *guider*, mais ce que souvent ils ne voient pas, c'est qu'ils ont aussi besoin de suivre. Le leader invite sa partenaire à faire un pas, la laisse s'engager dans ce mouvement et ensuite l'accompagne dans son déplacement, ou, en d'autres mots, lui permet de parler et écoute ce qu'elle a à dire. Dans ce sens, le leader s'assure de permettre à sa partenaire de compléter un mouvement avant de suggérer un nouveau pas. Que penser de ces leaders très contrôlants, qui font sentir aux guidées que leur rôle est passif? Ces guides sont ceux qui n'écoutent pas. Les leaders attentifs sont ceux qui permettent à leurs partenaires de s'exprimer, d'embellir la danse, et de contribuer à *dessiner* la musique. Ce sont ceux qui apportent le plus de plaisir et de bénéfices à leurs partenaires, qu'elles soient débutantes ou plus avancées.

Présence

La présence, au sens physique, est essentielle pour les danseurs de tango. Un leader passif est difficile suivre, de même qu'une guidée passive sera ennuyante. Les danseurs font souvent allusion à la « résistance » ou à la « pression » qu'ils ressentent de leur partenaire. Je n'aime pas ces deux qualificatifs car ils sous-entendent que, d'une certaine façon, nous bloquons ou poussons nos partenaires. À mon sens, le mot adéquat est plutôt « présence » qui traduit l'idée que nous devons être forts dans notre danse, tout en recherchant un échange d'énergie avec notre partenaire.

Mais il y a un autre type de présence qui est très aidante pour les danseurs de tango, et c'est l'art de vivre pleinement et complètement le moment présent. Si on pense au prochain mouvement, en ajustant notre position vers ce mouvement attendu ou bien si nous nous jugeons nous-mêmes ainsi que notre partenaire, nous ne serons pas vraiment présents et notre connexion sera pauvre. L'une des choses que je préfère en tango est de m'abandonner à la danse, peu importe ce qui vient d'arriver ou ce qui suivra. J'irais même jusqu'à dire (et je ne suis pas la première à le dire) que j'entre dans un état méditatif quand je danse le tango argentin. Ceux qui ont un don pour vivre le moment présent pourront se sentir plus facilement à l'aise dans le tango, et ceux pour qui ce n'est pas inné pourront y trouver une voie pour s'abandonner davantage.

Si vous avez certaines des qualités que nous venons de discuter, vous pourrez assimiler plusieurs dimensions du tango facilement. La bonne nouvelle, c'est que le tango vous permettra éventuellement de développer certaines de ces habiletés que vous ne possédez pas naturellement, mais qui vous seront utiles pour d'autres domaines de votre vie.

Après tout, la vie est un tango, n'est-ce pas?

Leçon 6

C'EST AGRÉABLE D'ÊTRE IMPORTANT, MAIS C'EST PLUS IMPORTANT D'ÊTRE AGRÉABLE

Je me dis parfois que notre communauté de tango, chez nous, aurait avantage à prendre à coeur la proposition mise de l'avant dans ce titre.

Je me souviens d'une publication sur les médias sociaux d'un danseur de notre région qui a déclenché une discussion passionnée pour avoir critiqué les organisateurs et les danseurs (particulièrement les danseurs masculins) de ne pas être plus ouverts à danser avec les nouveaux venus. Il pensait particulièrement aux touristes qui, peut-être, dans certaines milongas, ne reçoivent pas un accueil aussi chaleureux que possible, et la discussion a été relancée pour aborder le problème des nouveaux danseurs de quelques milongas et de ceux qui ne se sentent pas bien accueillis parce qu'ils ne font pas partie de la « crème » de telle ou telle milonga ou communauté. Ce n'était pas la première fois que ce danseur avait fustigé des danseurs pour avoir été trop exclusifs dans leurs invitations.

Beaucoup de danseurs ont commenté son point de vue, pour l'appuyer ou en rajouter, mais d'autres ont fait remarquer que le tango est une activité sociale que nous faisons par plaisir et que, donc, on ne devrait pas se sentir forcés de se taper des danses avec des gens avec qui on n'a pas envie de danser. Je suis d'accord que si un danseur est vraiment insupportable, nous avons toutes les raisons et le droit de nous en tenir loin, mais est-ce bien dans la catégorie « pénible » qu'on devrait ranger tous ceux qui sont juste dans la moyenne, ou sous notre propre niveau, ou encore débutants? Plusieurs de ces réactions font vraiment égocentriques, débordantes de « je-me-moi. » Oui, nous dansons le tango pour avoir du plaisir et nous amuser, mais c'est aussi une activité sociale qui s'inscrit dans une communauté et quand on danse, eh bien, on est deux. Alors, la joie, la satisfaction et le plaisir des autres ne devraient-ils pas être aussi importants que le nôtre?

La maxime que j'ai utilisée comme titre de ce billet, « C'est agréable d'être important, mais c'est plus important d'être agréable », a été attribuée à beaucoup de gens, le plus souvent à l'homme d'affaires américain et milliardaire John Templeton, un des plus généreux philanthropes de l'histoire, et je crois que plusieurs d'entre nous auraient avantage à intégrer à notre pratique personnelle du tango un peu plus de cette générosité.

En contrepartie, il est important de se rappeler que le manque de générosité ne se vit pas qu'au masculin. Cela peut sembler le cas si on pense aux femmes qui attendent toute la soirée d'être invitées et ça a vraiment l'air de cela dans les milongas où les femmes sont en surnombre par rapport aux hommes, ce qui est souvent le cas. Mais les femmes peuvent être tout aussi sélectives, centrées sur elles-mêmes et égocentriques.

Récemment, mon partenaire et moi-même donnions une leçon gratuite à des débutants pendant une milonga également gratuite, en plein air, que nous organisons chaque été. Il y avait deux jeunes hommes qui voulaient participer, mais ils n'avaient pas de partenaires. Mon partenaire a demandé à une femme que nous connaissons tous les deux et qui ne dansait pas à ce moment-là, si elle pouvait aider quelques minutes en dansant avec un des débutants. Sa réponse : « Jamais! » Je ne suis pas sûre si cela voulait dire qu'elle ne désirait jamais nous aider ou qu'elle n'aiderait jamais un débutant, mais de toute façon, pourquoi ne voudriez-vous jamais encourager un nouveau danseur? Son attitude n'aurait peut-être pas dû me surprendre, parce que cette même personne, après deux ans de cours, avait annoncé de façon arrogante, en ma présence, qu'elle ne suivrait plus de cours; elle n'en avait plus besoin. Vu qu'elle était arrivée à un point où elle avait apparemment appris tout ce qu'elle voulait, elle ne souhaitait pas aider d'autres à avancer.

C'est, à mon sens, un exemple extrême d'une attitude déjà trop répandue.

Une autre femme qui fréquente nos milongas levait les yeux au ciel en me regardant, juste après avoir refusé une danse, et disait : « Pourquoi devrais-je me forcer ? » Je n'ai rien dit, j'ai seulement souri poliment, et je crois qu'elle a réalisé ce qu'elle avait laissé échapper, parce qu'elle a immédiatement essayé de se justifier en ajoutant : « Je veux dire, tu es obligée de le faire parce que tu es une professeure, moi je n'ai pas à le faire ».

Je n'étais pas impressionnée par son attitude, mais je dois admettre qu'elle m'a fait réfléchir. Est-ce que parfois je m'impose de danser avec un étudiant parce que c'est mon intérêt de leur faire plaisir ? Oui, je suppose que ça arrive. Mais c'est aussi mon intérêt de ne pas me limiter à être une femme d'affaires, mais également une professeure – parce que je veux que mes étudiants pratiquent et se sentent encouragés – et une personne humaine – car j'essaie d'être une bonne personne qui se soucie du bien-être de mon entourage.

L'attitude qui consiste à ne pas « perdre notre temps » en dansant avec quelqu'un qui n'a pas notre niveau me semble inappropriée sur plusieurs plans. Premièrement, nous pouvons nous améliorer et, oui, même avoir du plaisir avec quelqu'un qui « n'a pas notre niveau ». Deuxièmement, est-ce vraiment une perte de temps que de contribuer à la joie et à l'avancement des autres ?

Dans certaines communautés de tango, les gens ne dansent pas avec les nouveaux venus jusqu'à ce qu'ils les aient vus danser avec quelqu'un d'autre. Vous voyez, pour être sûrs qu'ils sont assez bons. Quand même, nous ne voudrions pas qu'un « bon » danseur, « cool » ou « populaire » nous voie danser avec quelqu'un qui est sous notre niveau, ce qui pourrait nous faire mal paraître et ternir notre réputation. Cette attitude empeste le snobisme et la suffisance. Est-il vraiment plus important de bien paraître que de contribuer à ce que des nouveaux se sentent bien accueillis ? Et quel est le problème avec le fait de prendre ce risque de temps en temps? J'ai pris ces risques en acceptant de danser avec des gens que je n'avais pas observés auparavant. Cela veut dire que, de temps en temps, j'ai passé 12 minutes inconfortables. Mais j'ai aussi eu de délicieuses surprises et eu accès à des connexions nouvelles, formidables.

Dans la danse elle-même, la générosité est l'une des qualités essentielles d'un bon danseur, homme ou femme, guideur ou guidée. Les meilleurs danseurs qu'on peut rencontrer sont ceux qui s'oublient et font passer leur partenaire en premier. En d'autres mots, ceux qui modèrent leur ego et dansent avec générosité. Les gens qui ont un esprit généreux font passer les autres avant eux-mêmes; les danseurs de tango avec un esprit généreux font passer le plaisir de leur partenaire et leur bien-être avant le leur. Et la balle leur est retournée au bout du compte, car un danseur avec des partenaires heureux est sans aucun doute un danseur comblé.

Si, vraiment, vous êtes meilleur que les autres (SVP, surveillez votre ego quand vous vous autoévaluez), alors pourquoi ne pas leur offrir le plaisir et le bénéfice de votre expérience pour quelques minutes? Encore une fois, je ne suis pas en train de dire que nous devrions nous forcer à danser avec quelqu'un avec qui cela s'annonce vraiment difficile ou avec une personne désagréable, mais plutôt qu'une danse occasionnelle avec une personne nouvelle ou moins expérimentée peut générer des retombées positives à long terme. Cela peut les encourager à persévérer dans le tango ou à travailler plus fort pour améliorer leur danse; nous aurons contribué à élargir la communauté du tango dans son ensemble tout autant que nous aurons apporté du plaisir et des compétences à un danseur en particulier.

La plupart des gens qui dansent le tango à un niveau avancé

prennent cette activité au sérieux. Si cela nous amène à travailler fort pour améliorer nos compétences, cela nous permettra d'être de meilleurs danseurs et contribuera à l'évolution de notre danse elle-même. Mais tout en continuant de prendre notre art au sérieux, il est important de ne pas se perdre et de ne pas se prendre trop au sérieux. Rappelons-nous que nous sommes tous là pour avoir du plaisir, et pour partager ce plaisir.

Nous pouvons retirer beaucoup en aidant quelqu'un d'autre. Et il nous reste bien peu lorsque nous devenons égoïstes. L'égoïsme entrave notre capacité d'apprendre, alors que la générosité génère de l'ouverture d'esprit, une attitude qui facilite l'apprentissage, la croissance ainsi que notre amélioration et celle de nos partenaires. Pour nous donner, en bout de piste, plus de plaisir.

Leçon 7

L'ÉTREINTE EST TOUT

La première chose qu'on ressent quand on se rencontre sur la piste de danse pour une *tanda*, c'est l'étreinte ou l'*abrazo*. Dès ces premiers instants où l'on enlace et qu'on se fait enlacer par un(e) partenaire, on découvre beaucoup de choses au sujet de cette personne comme danseur (et aussi comme personne, mais c'est un sujet pour un autre article) : s'il ou elle est confiant ou anxieux, contrôlant ou attentionné, intense ou réservé, concentré sur les pas ou sur la connexion. On peut ressentir le niveau d'habileté globale de notre partenaire, dès ces premiers instants fugaces, avant même de faire le premier pas.

L'étreinte en tango fait référence essentiellement à la connexion et l'on sait déjà que le tango est une question de bonne connexion. C'est par l'intermédiaire de l'étreinte qu'on ressent tout, c'est elle qui nous permet de guider ou d'être guidé.

Abrazo signifie littéralement faire un câlin ou serrer dans ses bras. Conséquemment, notre *abrazo* devrait inclure tous les éléments d'une bonne accolade : il devrait envelopper notre partenaire et le ou la tenir confortablement sans être imposant, restrictif ou autrement inconfortable. Il devrait également toujours être ressenti comme sincère.

Si l'étreinte est inadéquate – qu'elle tire, pousse, ou restreint, qu'elle est exagérément tendue ou trop relâchée – peu importe le nombre de belles figures ou d'embellissements complexes que vous exécuterez, ça ne donnera pas de sensations agréables à votre partenaire. Par contre, si votre étreinte est bonne, vous n'aurez pas à faire beaucoup pour que ce soit un plaisir de danser avec vous.

Au plan technique, voici comment j'utilise ma propre étreinte et ce que je dis à mes étudiants : utilisez davantage vos mains et moins vos bras. Vos bras doivent être souples et légers et vos articulations – poignets, coudes, épaules et omoplates – doivent conserver leur mobilité. Mais vos mains, particulièrement la paume de vos mains, devraient être actives, tenant votre partenaire de façon à bien le ou la ressentir, tenant au-delà de la surface des vêtements ou même de la peau, épousant la forme de la partie du corps avec laquelle elle est en contact.

Le dos doit aussi être actif. Les muscles de la partie supérieure du dos devraient faire descendre vos épaules et vos omoplates, permettant à vos bras d'être détendus sans être mous. Cette technique vous permettra aussi d'avoir une étreinte adaptable. Le tango est beaucoup une question d'adaptabilité et notre étreinte doit s'adapter à chaque partenaire et à chaque mouvement. Si nos bras sont souples et nos articulations mobiles dès le départ, l'étreinte s'adaptera d'elle-même sans effort.

Finalement, mettez la même énergie dans les deux mains. Ceci n'est pas nécessairement facile à faire à cause de la nature asymétrique de l'étreinte du tango, mais l'équilibre des deux mains peut être une solution miracle à trop de traction ou de poussée de part et d'autre.

Plusieurs enseignants disent, et je le disais aussi : « Gardez votre cadre ». Je ne le dis plus parce que je crois que ce n'est pas bien interprété. Premièrement, dans un effort pour maintenir le cadre on a tendance à devenir trop rigide. Deuxièmement, la forme spécifique de l'étreinte a moins d'importance que son mode de fonctionnement. C'est pourquoi nous devrions pouvoir danser autant dans une étreinte de pratique, une étreinte fermée, une étreinte ouverte, ou même avec un seul bras ou sans les bras. Si on s'attarde trop à la forme exacte – l'angle des coudes, la hauteur des bras, la position exacte de la main dans le dos du partenaire – nous devenons trop centrés sur nous-mêmes et sur la forme, et en fin de compte, nous bloquons une partie des messages qu'on tente de transmettre ou de recevoir. Nous devrions plutôt tenir notre partenaire avec des mains fermes et des bras souples et légers, découvrant un juste équilibre entre ferme et souple, réceptif et communicatif, utilisant notre *abrazo* pour être avec notre partenaire et pour le ou la ressentir, pas pour nous tenir droit, contrôler, restreindre, tirer ou pousser. Ce que je peux dire à la place de « maintiens ton cadre » c'est « maintiens le cadre de ton/ta partenaire ». Ainsi, vous utiliserez votre étreinte pour prendre soin de votre partenaire, lui permettre de bouger tout en lui donnant des points de référence stables et utiles, lesquels lui permettront de maintenir son axe et son équilibre tout en lui permettant de vous guider ou de vous suivre avec aisance… et, ce qui est le plus important, de se sentir bien.

L'étreinte pourrait bien être l'élément le plus important de notre danse.

Mais encore, la posture est aussi très importante.

Leçon 8

LA POSTURE EST TOUT

Je l'admets, je suis pas mal obsédée par la posture. Étant une enseignante de tango et de yoga, j'ajuste la posture (la mienne et celle des autres), j'observe la posture, j'étudie la posture et je pense à la posture tous les jours.

Vous n'avez pas à être aussi préoccupé par la posture que je le suis, mais avouons-le, si votre posture est mauvaise, votre étreinte en souffrira. Et si votre étreinte est mauvaise, votre connexion en souffrira. Et sans bonne connexion, qu'est le tango?

Pourquoi ne peut-on pas avoir une bonne étreinte sans une bonne posture ? Eh bien, tout comme les bras sont liés au reste de notre corps, l'étreinte est liée à notre maintien. Et lorsqu'on dit « étreindre », on pense spécifiquement à nos bras et à nos mains, mais nous étreignons vraiment notre partenaire avec notre corps tout entier : mains, bras, épaules, dos, poitrine, tête – même la position de nos hanches, de nos jambes et de nos pieds contribue à la façon dont nous tenons notre partenaire. Si votre tête est tenue trop vers l'avant, par exemple, elle peut pousser inconfortablement contre la tête de votre partenaire, provoquant des douleurs dans son cou ou un déséquilibre affectant en retour la façon dont il/elle nous tient. Si le haut de votre dos est arrondi et que vos épaules vont vers l'avant, votre poitrine va s'affaisser et votre partenaire sentira que vous vous retenez ou que vous le repoussez plutôt que de l'inviter vers vous.

Une bonne posture constitue une grande part d'une bonne technique, elle nous libère pour danser avec aisance et pour tenir nos partenaires confortablement. Alors, qu'est-ce qu'une bonne posture?

La posture réfère à la position dans laquelle vous tenez votre corps en position debout. Une bonne posture implique d'entraîner votre corps à se tenir debout, à marcher, à s'asseoir, à se coucher et, bien sûr, à danser dans des positions où le moins de tension est exercée sur les muscles et ligaments de soutien pendant les mouvements ou les activités dans lesquelles on doit supporter un poids.

La posture et l'alignement vont de pair et un bon alignement est essentiel au maintien d'une bonne posture. Alors, examinons ce qui constitue un bon ou un sain alignement.

L'alignement fait référence à la façon dont la tête, les épaules, la colonne vertébrale, les hanches, les genoux et les chevilles s'alignent les uns par rapport aux autres. Quand les professeurs de danse parlent de « l'axe » et de « garder son axe », ils parlent en fait de maintenir un bon alignement. Un bon alignement du corps vous aide à établir et à maintenir une bonne posture, laquelle sera excellente pour danser le tango aussi bien que pour votre vie en général, parce qu'il y aura moins de tension sur la colonne vertébrale. Quatre points principaux devraient être alignés quand on se tient debout. Partant du sol et allant vers le haut, ce sont :

- la malléole latérale, ou le petit os que l'on a sur le côté extérieur de la cheville
- le grand trochanter, ou le côté extérieur de la tête supérieure du fémur (l'os de la cuisse), située à l'articulation de la hanche.
- l'acromion, ou le petit os situé sur le dessus de l'épaule
- le méat auditif, ou trou de l'oreille

Le maintien de ces points d'alignement signifie que nos os sont correctement « empilés » ou alignés, se soutenant ainsi les uns les autres en respectant leurs formes et en mettant moins de pression sur nos tendons et nos ligaments. Un bon alignement maintient également la courbe en « S » naturelle de la colonne vertébrale. Vues de côté, les parties cervicale (supérieure) et lombaire (inférieure) ont une lordose, ou courbure vers l'intérieur, tandis que la partie thoracique a une cyphose, ou légère courbure vers l'extérieur. Les courbes de la colonne vertébrale fonctionnent comme un ressort hélicoïdal pour absorber les chocs, maintenir l'équilibre et faciliter l'amplitude des mouvements.

En tango, comme dans la vie quotidienne, il peut être difficile de maintenir une bonne posture et un bon alignement, spécialement si c'est nouveau pour nous.

Souvent les gens rentrent le coccyx, relâchant les muscles du bas du dos, aplatissant le creux lombaire et déplaçant le centre de gravité vers les orteils plutôt que de le conserver au-dessus de l'os du talon (lequel est le plus gros os du pied et conçu pour nous soutenir). Rentrer le pelvis crée de la tension sur les pieds, les genoux et la colonne vertébrale, ce qui est particulièrement problématique en tango parce que cela signifie que le pelvis, les jambes et les pieds se situent plus en avant que le haut du corps et vous serez porté à frapper les genoux de votre partenaire ou même à lui marcher sur les orteils (ou de vous faire marcher sur les orteils). Il en résulte également une capacité réduite à libérer la jambe libre derrière vous, affectant tout, de votre marche à vos *boleos*.

Une autre déformation posturale courante est l'hyperlordose, dans laquelle la courbe lombaire est amplifiée et le ventre et parfois la poitrine auront tendance à se projeter vers l'avant de manière exagérée. Cela peut également entraîner un centre de gravité trop avancé, ce qui exerce une pression sur les articulations métatarsiennes des pieds et le bas du dos.

Plusieurs personnes tiennent aussi leur tête trop en avant, projetant le menton en avant (ce qui comprime les vertèbres cervicales) ou, comme c'est souvent le cas en tango, inclinant la tête vers l'avant, regardant vers le bas.

Garder la tête vers l'arrière en gardant le menton parallèle au sol et plaçant la tête au-dessus de la colonne vertébrale allonge la colonne cervicale tout en maintenant sa courbe naturelle. Cette position vous aidera à maintenir votre équilibre en dansant et vous empêchera de pousser votre tête ou votre visage contre celle de votre partenaire d'une manière invasive ou inconfortable.

La bonne nouvelle est que si on se pratique régulièrement à avoir une bonne posture et un bon alignement, on renforce progressivement les muscles requis tout en développant de nouvelles habitudes saines. Vient un jour où on réalise qu'on se tient correctement la plupart du temps, et même que la sensation est naturelle!

Une grande part du défi, une fois qu'on a trouvé le bon alignement, est de maintenir ces points alignés pendant qu'on est en mouvement. En tango, nous avons le défi additionnel d'avoir à maintenir notre alignement tout en bougeant et en tenant une autre personne. Que puis-je dire d'autre qu'une pratique assidue est la clé du problème? La posture et l'alignement ne sont pas des choses à pratiquer une heure ou deux pendant un cours de tango. Ils doivent être pratiqués aussi souvent que possible pendant vos activités quotidiennes : assis à votre bureau, en marchant sur la rue, en attendant l'autobus, en brossant vos dents et, bien entendu, en dansant.

Parlant de maintenir votre alignement tout en dansant avec une autre personne, je dis toujours à mes élèves de tango de ne pas sacrifier leur posture pour rien, ni personne. Cela signifie que vous ne vous contorsionnez pas pour exécuter un *gancho* mal placé et vous ne dansez pas courbé parce que vous êtes plus grand(e) que votre partenaire. Aussi, vous ne vous inclinez pas pour maintenir une étreinte rapprochée; si vous ou votre partenaire ne pouvez pas exécuter un mouvement en vous tenant droits dans une étreinte rapprochée, ouvrez l'étreinte ou n'exécutez pas le mouvement; ne sacrifiez pas votre posture.

Parlant d'étreinte rapprochée, il y a de légers sacrifices à faire dans l'alignement quand on danse dans un *abrazo* rapproché, style *milonguero*. Et quand je dis léger, j'insiste. Parce qu'on recherche une connexion physique entre notre torse et celui de notre partenaire, notre cage thoracique peut être légèrement en avant par rapport à notre pelvis. Toutefois, si on s'assure de maintenir nos hanches au-dessus de nos talons et qu'on n'avance pas notre tête, l'ajustement du haut du corps pour rejoindre notre partenaire sera minime, et devrait se réajuster automatiquement aussitôt qu'on relâche l'étreinte rapprochée. Si le guideur garde ses hanches au-dessus de ses talons, il ne devrait pas du tout s'incliner vers l'avant pour créer une étreinte rapprochée. C'est à la guidée de s'avancer pour trouver la connexion avec le guideur. Mais encore, si le bas de son corps est positionné correctement, l'ajustement à faire sera minime. Aussi, tout déplacement du torse vers l'avant devrait être accompagné d'un étirement du torse vers le haut, ce qui allongera la colonne vertébrale et nous empêchera de nous incliner d'une façon inconfortable et malsaine.

Bien sûr, tout ce travail sur la posture et l'alignement vous aidera à vous maintenir dans la vie avec moins de douleurs au dos et une meilleure santé. Améliorer votre posture et l'alignement pour le tango aura des bienfaits au-delà du plancher de danse.

La posture pourrait bien être l'élément le plus important de notre danse.

Mais encore, la musicalité est aussi super importante.

Leçon 9

LA MUSICALITÉ EST TOUT

La musicalité pourrait bien être mon sujet préféré. C'est certainement la qualité que je préfère chez un danseur… ou peut-être à égalité pour la première place avec une bonne étreinte. Donnez-moi une belle étreinte et une excellente connexion à la musique et je suis une danseuse heureuse.

Si seulement je pouvais convaincre les débutants de ça dès leurs débuts : les grands mouvements impressionnants ne font pas un grand danseur. La musicalité par contre…

La musicalité est probablement l'aspect du tango qui est le plus sous-estimé par les danseurs débutants et intermédiaires. Dès le premier jour, presque chaque guideur désire apprendre des pas, des pas, des pas, et des mouvements, des mouvements, des mouvements. Bien sûr les séquences originales et complexes peuvent être amusantes, mais elles ne sont rien si elles ne sont pas exécutées en harmonie avec la musique. Mieux vaut exécuter quelque chose de simple en parfaite synchronisation avec le rythme que quelque chose d'apparence complexe en traitant la musique comme un simple bruit de fond.

Je pense que le même phénomène se produit dans toutes les danses sociales. Il y a une couple d'années, je suis allée dans un club de salsa pour la première fois en plus de dix ans. J'ai trouvé que les danseurs étaient concentrés sur les mouvements plus que jamais. Ils vous tournent comme ceci et comme cela, exécutant série après série de séquences complexes, faisant rarement une pause pour seulement *danser*. Pour simplement ressentir et bouger sur la musique. En tango, comme en salsa, les séquences complexes et les mouvements difficiles peuvent être amusants et satisfaisants lorsqu'ils sont bien exécutés, mais ils doivent être intercalés de danse simple, et si le mouvement n'est pas bien exécuté, si l'un des partenaires n'est pas sur la musique, c'est déroutant pour l'autre et, franchement, à peine amusant.

Pour la guidée, cela signifie que vous recevez constamment deux messages contradictoires – l'un de votre partenaire et l'autre de la musique – et vous avez constamment à choisir lequel des deux vous allez suivre. Une fois, une femme m'a confié que lorsqu'elle est dans une telle situation, elle se sent comme si son cerveau allait exploser – et je me sens comme ça aussi.

La musique est pas mal la raison d'être de la danse. C'est pourquoi nous dansons différemment sur différents types de musiques.

Alors pourquoi, oh pourquoi, tant de danseurs de tango pensent à la musicalité après coup?

Je crois qu'il y a deux raisons à cela :

Premièrement, il n'y a pas de pas de base en tango. Dans la plupart des danses sociales, il y a un pas de base qui correspond à un motif rythmique spécifique et qui s'intègre clairement dans une phrase musicale. Pour utiliser une fois de plus la salsa comme exemple, vous avez trois pas, une pause, puis trois autres pas et une pause, le tout correspondant parfaitement dans une phrase de huit temps. Conséquemment, le pas de base est enseigné de cette façon : comme un motif qui commence et arrête à temps avec chaque phrase musicale. En tango, il n'y a pas vraiment de pas de base à part la marche, alors vous n'êtes pas obligés de commencer la séquence sur « 1 » ou de finir sur « 8 ». Même si nous utilisons certaines séquences dans notre vocabulaire – et certaines d'entre elles peuvent même être composées d'exactement huit pas ou actions – nous pouvons en changer le motif rythmique en faisant une pause pour un temps ou deux ou danser en double temps, changeant ainsi le moment dans la musique où nous complétons notre figure. Ajoutez à cela l'imprévisibilité des réponses de notre partenaire et du trafic sur le plancher de danse, il devient alors impossible d'imposer une séquence quelconque avec un nombre spécifique de pas ou un nombre de temps musicaux.

Deuxièmement, la musique de tango est constituée de plusieurs couches musicales et il y a plusieurs manières de l'interpréter et de jouer avec. Il est donc difficile pour les professeurs de tango d'imposer une structure musicale à leurs élèves, parce que plusieurs autres structures musicales pourraient fonctionner tout aussi bien : vite, vite, lent versus lent,

lent, lent ou lent, vite, vite, sans mentionner l'ajout de pauses ou les syncopes… Je crois tout de même qu'au début, les enseignants doivent choisir un motif et l'imposer, comme exercice pédagogique et de discipline. Nous devons apprendre aux étudiants à s'efforcer de danser sur la musique et à rester constamment sur le rythme. Tout simplement parce que plusieurs ne le font pas. Ils se disent qu'ils vont d'abord se préoccuper des pas et s'occuper plus tard de suivre la musique. Mais souvent, ce « plus tard » ne vient jamais vraiment. Ils deviennent tellement habitués à danser au battement de leur propre tambour – ou ils l'ignorent complètement – qu'ils n'apprennent jamais à se laisser guider et inspirer par la musique qui joue.

Il y a différents niveaux de musicalité pour les danseurs :

Le rythme. C'est l'unité de base qui mesure le temps dans la musique. C'est sur le rythme que vous tapez du pied ou tapez dans vos mains et en tango, c'est le rythme de base sur lequel vous marchez. Une simple marche suit le rythme régulier fort, ou accentué, de la musique. Le rythme, *el compás* en espagnol, est comme un métronome toujours présent; c'est le temps constant et régulier que tous les musiciens maintiennent, même lorsque leurs mélodies accélèrent, ralentissent ou font une pause. Comme la pulsation cardiaque, ce rythme, aussi appelé une pulsation, est toujours présent, que vous l'entendiez ou non et sans égard à ce qui se passe d'autre dans la musique. Dans plusieurs autres types de musiques, le rythme est souvent marqué par la batterie ou un autre instrument à percussion, mais c'est rarement le cas en tango argentin. Divers instruments peuvent marquer le rythme à divers moments, raison pour laquelle il est si difficile pour certaines personnes d'entendre ou de ressentir le rythme du tango à leurs débuts. C'est un défi pour certains, mais c'est essentiel pour tous. Vous ne pouvez pas être sur la musique si vous ne pouvez pas trouver le rythme, alors trouvez-le et efforcez-vous de le suivre avant d'aller vers d'autres possibilités. Certaines personnes pensent que c'est ennuyeux d'enseigner aux gens de danser sur le rythme et que nous devrions leur enseigner immédiatement à danser sur la mélodie. Je suis en désaccord. Au cours de toutes ces années de danse et d'enseignement, j'ai vu trop de danseurs qui ont de la difficulté à entendre le rythme de façon constante et encore plus à danser sur le rythme. Alors je pense qu'il est important d'enseigner ce concept de base en premier. Si vous êtes sur le temps, vous ne serez pas dans l'erreur, bien que vous allez éventuellement vouloir rendre les choses plus intéressantes en jouant avec...

Pauses et double temps. En termes de variations sur le rythme, les pauses viendront en premier puisque souvent vous n'aurez d'autre choix que d'arrêter de bouger pour un temps ou deux afin de vous ressaisir, laisser votre partenaire se ressaisir ou gérer le trafic toujours imprévisible du plancher de danse. Assurez-vous de faire une pause pour un, deux ou trois temps – non pas pour une durée de temps aléatoire qui ne tient pas compte de la musique. Faites une pause sur un temps et repartez sur un temps. **Danser en double temps,** parfois appelé *traspie* (spécialement en *milonga*) ou contretemps, signifie danser deux fois plus vite ou, en d'autres mots, faire trois pas en deux temps musicaux. C'est ici que les choses deviennent intéressantes... et, bien sûr, plus exigeantes. Rappelez-vous que, si vous ne pouvez pas tenir le temps, vous ne pourrez pas gérer le double temps.

Syncopes, phrase musicale et mélodie. Ce sont des concepts plus complexes. Pour un danseur de haut niveau, ils sont extrêmement amusants, parce que vous pouvez devenir incroyablement créatifs, mais ils sont aussi assez difficiles. Bien des danseurs ne parviennent jamais au point où ils peuvent utiliser ces éléments, et vous devez absolument maîtriser pleinement les concepts précédents avant même de tenter d'aller plus loin.

Syncope signifie placer un accent rythmique à un endroit où il ne se produirait normalement pas; elle serait généralement exécutée au moment où les musiciens la font, alors vous avez besoin de l'entendre, faire en sorte que vos pieds la marquent et que votre partenaire la ressente, le tout en l'espace d'une fraction de temps.

La phrase musicale est la manière dont la musique est structurée. En tango, les phrases musicales sont habituellement d'une durée de 8 ou 16 temps. En tango il n'est pas nécessaire de commencer sur le « 1 » comme on le fait dans les autres danses, mais la musique change entre les phrases. Alors si vous êtes conscient de la phrase musicale et des changements, vous pouvez changer la qualité de votre danse à ces moments-là, étant ainsi connecté plus étroitement à la musique et plus expressif.

Danser sur la mélodie peut être accompli en marquant les séquences rythmiques complexes de l'un des instruments autant qu'en dansant l'émotion (le ressenti) de la musique. C'est ce qui nous fait ou devrait nous faire danser différemment au son de divers orchestres. En définitive, différents styles de musiques invitent à différents styles de danse. Dès le jeune âge de mes enfants, j'ai observé que je pouvais faire jouer n'importe quel genre de musique et qu'ils bougeaient instinctivement d'une manière qui ressemble étroitement aux danses qui sont associées à chaque genre : country, swing, hip-hop, classique... même s'ils n'avaient jamais entendu ce type de musique ou vu ce type de danse. Chaque style de musique évoque automatiquement une sensation différente et une façon particulière de l'exprimer physiquement. Si on étend ce concept au tango, cela signifie que la sensation et la qualité de notre danse devraient changer à chaque *tanda*, chaque style et chaque orchestre. Évidemment la valse devrait être dansée différemment de la *milonga*, laquelle devrait à son tour être dansée différemment du tango, mais dans chacun de ces styles, chaque orchestre devrait aussi être dansé différemment. Si vous ne bougiez pas de la même façon sur du Tchaïkovski que sur du Eminem, danseriez-vous un D'Arienzo rythmé des années 30 de la même façon qu'un Pugliese dramatique des années 50?

Alors, qu'en est-il du rôle de la guidée dans tout ceci? Il y a une idée erronée à l'effet que la musicalité est surtout la tâche du guideur. Mais non, comme tout en tango, ça devrait être 50/50.

D'une part, c'est la musique qui inspirera les embellissements de la guidée. Pourquoi est-ce que je choisis de taper du pied plutôt que de faire un *lápiz*? Une série de petits pas enjoués plutôt qu'une lente caresse sur la jambe de mon partenaire? La musique, bien sûr!

D'autre part, c'est parfois ma tâche de garder le rythme. À titre d'exemple, si mon partenaire me guide dans un tour pendant qu'il pivote sur un pied tout en embellissant avec des *enrosques* difficiles, c'est à moi de marquer la musique avec mes pas, de l'aider à tourner, à conserver son équilibre et à savoir facilement où je suis afin qu'il puisse terminer le tour juste au bon moment.

La musique joue un autre rôle très important dans les danses de couple : c'est un outil de synchronisation. Si mon partenaire et moi dansons sur la même musique, nous danserons plus facilement en synchronisation l'un avec l'autre. Quand on parle d'aller au-delà du rythme pour danser en double temps, pour syncoper ou pour explorer d'autres couches de rythme et de mélodie, il est essentiel que la guidée soit en harmonie avec la musique autant que le guideur. À titre d'exemple, quand mon guideur souhaite que je danse en double temps, il me donne une indication d'aller plus vite, mais qu'est-ce qui me dit exactement à quelle vitesse je dois aller ? La musique ! Mon guideur ne place pas mon pied sur le plancher. Je le fais, et je le fais sur la musique. Et s'il souhaite que je fasse une syncope ou que je marque un autre motif mélodique complexe ? C'est impossible si je ne l'entends pas moi-même dans la musique.

Si tout cela semble intimidant, rappelez-vous ceci : commencez par les éléments de base, tel le rythme, et vous ne vous tromperez pas. Petit à petit, au fur et à mesure que vous commencerez à maîtriser un concept, vous pourrez essayer le suivant. Alors, peut-être qu'un jour, vous aussi, vous incarnerez la musique, utilisant votre propre corps comme l'un des instruments de l'orchestre, restant constamment sur le rythme et remplissant les espaces entre les temps de mélodies pleines de créativité, d'émotion et de suspense.

La musicalité pourrait bien être l'élément le plus important de votre danse. Mais encore, vous avez besoin de pas.

Leçon 10

OUI, VOUS AVEZ BESOIN DE PAS

S'il n'y a pas de figures ou de pas prédéfinis en tango argentin, pourquoi la plupart des professeurs enseignent-ils des séquences ou des figures? Cela semble contradictoire, mais ça ne l'est pas.

Si le tango est un langage, c'est une bonne chose de connaître les règles de grammaire, l'orthographe et la ponctuation, mais vous ne pouvez les utiliser si vous n'avez pas de vocabulaire avec lequel travailler. C'est pourquoi les professeurs enseignent des pas et des séquences tout en insistant sur le fait qu'ils jouent un rôle secondaire par rapport à la connexion, la musicalité, la technique et autres.

Lorsque nous apprenons une nouvelle langue, nous commençons habituellement par apprendre quelques phrases clés telles que « Bonjour, mon nom est Andrea. Quel est votre nom? » ou « Combien est-ce que ça coûte? » ou « Aimeriez-vous danser? » Comme cela, on peut commencer à communiquer immédiatement à un niveau élémentaire, ensuite on apprend l'alphabet, les règles de grammaire, la syntaxe et ainsi de suite. Le but ultime, bien sûr, est de parvenir à formuler nos propres phrases et si un jour on parvient à maîtriser la langue, on la parlera avec fluidité, sans avoir à réfléchir à comment tout ça fonctionne.

C'est semblable pour le tango. On apprend quelques séquences simples avec lesquelles travailler, des structures (phrases) simples que l'on peut apprendre, pratiquer et comprendre, et à travers elles on commence à communiquer, tout en travaillant sur les mouvements individuels (l'alphabet) et la technique (la grammaire, la syntaxe, etc.). Éventuellement, on pourra peut-être créer de nouvelles séquences à la volée (la prose), tout en maintenant notre connexion (la conversation) avec notre partenaire et jouer avec la musique (la poésie!).

Une fois qu'on a appris à marcher avec un(e) partenaire devant nous, nous sommes déjà en train de communiquer à un niveau élémentaire, mais nous avons besoin d'un certain niveau de vocabulaire pour vraiment nous exprimer. Tout comme un vocabulaire élaboré ne suffit pas pour tenir une grande conversation, des mouvements élaborés ne suffisent pas pour faire un grand danseur. Des mouvements « cool » sont toujours… bien « cool », et tant qu'on les utilise correctement dans le bon contexte, ils sont une part essentielle, pour ne pas dire amusante, du tango.

Les séquences sont à la fois des outils pédagogiques et des

outils pour guider et je pense que c'est pourquoi elles sont une composante inévitable du processus d'apprentissage. En enseignant des séquences, il est important toutefois que les professeurs soulignent clairement que les *séquences* sont différentes des *mouvements* individuels qui les composent et qu'en fin de compte c'est la maîtrise des mouvements qui compte le plus, pas les séquences en elles-mêmes. Les séquences sont les moyens pour atteindre une fin, pas la fin elle-même.

Dans le contexte d'une telle structure, enseigner un mouvement tel qu'un *ocho* donne des points de référence utiles aux étudiants de tango. On enseigne de telles séquences afin d'enseigner des mouvements fondamentaux tels que les pas et les pivots, lesquels une fois mis ensembles deviennent des mini-structures fondamentales telles que les séquences de marche, les *ochos* et les *giros*. Lorsqu'on leur ajoute des pas de transition pour entrer et sortir de ces mouvements, ils deviennent ce que l'on conçoit comme étant des figures.

Les guidées n'ont pas besoin de se souvenir des séquences, mais elles ont besoin de les apprendre, de les comprendre et de les pratiquer. Trop insister sur la séquence en elle-même encourage l'anticipation de la part des guidées parce qu'elles seront exagérément préoccupées par ce qui vient ensuite, mais pratiquer les séquences et comprendre comment les parties s'intègrent enseigne à leur corps à faire ce qu'elles ont à faire. Cette approche leur permet également d'intégrer ce qu'elles devraient ressentir quand leurs pas sont correctement synchronisés à ceux de leur partenaire.

Ce serait merveilleux si nous pouvions enseigner l'improvisation dès le début et faire voir l'ensemble aux débutants, escamotant les parties lourdes, difficiles et souvent frustrantes du processus d'apprentissage. Mais mon expérience m'a appris que nous ne pouvons escamoter les premières étapes du processus parce qu'apprendre le tango est justement ça, un processus. Et il ressemble à ceci :

1. Apprendre quelques mouvements et séquences de base, en même temps qu'une technique très élémentaire et des outils pour guider et suivre, lesquels nous feront sentir maladroits et nous sembleront étonnamment difficiles au début, et ne nous donneront pas l'impression de danser.
2. Apprendre d'autres mouvements et séquences tout en essayant de maîtriser les premiers, en portant attention à notre posture, à la musique et à plein d'autres choses qui nous sembleront encore être trop de choses auxquelles penser en même temps. Ceci cause souvent beaucoup de confusion et de frustration chez les guideurs, lesquels ont beaucoup de difficulté à apprendre et à mémoriser leurs propres pas, encore plus à savoir ce que leur partenaire est en train de faire à chaque étape. De plus, ils vont se torturer l'esprit et le corps à décoder des concepts tels que système parallèle versus croisé. En même temps, les guidées ont souvent l'impression qu'elles apprennent plus vite que leurs partenaires et elles commencent à avoir l'impression qu'elles peuvent vraiment danser – si elles sont jumelées avec un guideur plus avancé ou avec leur professeur. À ce stade, les deux partenaires sont souvent frustrés de la vitesse d'apprentissage du guideur.
3. Les guideurs continuent de se sentir stressés de ne pas connaître suffisamment de mouvements. Ils se trouvent ennuyeux s'ils n'exécutent pas tous les mouvements qu'ils ont appris au cours d'une chanson. Les guidées apprennent que leur rôle ne se résume pas à suivre. Elles commencent à réaliser qu'elles sont responsables de leur

propre axe, de leurs pas et de leurs pivots. Elles commencent à comprendre que le guideur n'est pas responsable de toutes les fautes. Les professeurs ne cessent de dire que les deux partenaires devraient faire plus attention à leur posture, à leur connexion, à la musicalité et à la gestion du plancher. La plupart des danseurs de niveau intermédiaire ne le comprennent pas ou n'y croient pas encore pleinement. À ce point, guideurs et guidées peuvent se sentir au creux d'une vague en réalisant tout ce qu'il y a à apprendre et le temps et les efforts qu'il faudra encore y mettre.

4. Guideurs et guidées ont chacun fait l'expérience de moments de grâce où, par chance ou par dessein, tout se place avec aisance : les pas, l'équilibre, une étreinte confortable et une musicalité parfaite. Rendus ici, les guideurs ont été exposés à presque tous les mouvements qui ont un nom : ochos, giros, paradas, barridas, sacadas, ganchos, boleos, volcadas, colgadas. Ayant passé passablement de temps à danser dans les milongas, ils réalisent que s'ils améliorent leur étreinte, leur posture et leur musicalité, les choses fonctionneront mieux plus souvent. Pendant ce temps, les guidées cessent d'avoir besoin de se faire guider dans une interminable série de mouvements impressionnants pour apprécier une danse et elles commencent à retirer de plus en plus de plaisir d'une bonne étreinte, d'une musicalité créative et de pas simples qui leur donnent une chance de se connecter, d'embellir certains mouvements, de jouer avec la musique et de s'exprimer.

5. Toutes ces années de travail ardu portent fruit et nous comprenons que tout commence et se construit à partir d'une bonne connexion. Les séquences et les mou-

vements deviennent des outils pour improviser avec la musique et nos partenaires. Nous comprenons que talent et plaisir sont une question du comment, pas du quoi. Nous regardons en arrière et nous aimerions avoir compris plus tôt ce qu'il en était vraiment. Bien que nous ayons atteint un niveau où les spectateurs nous considèrent avancés, nous voyons que le processus d'apprentissage du tango est un voyage sans fin. Bien que nous retirions de la satisfaction pour tout le chemin parcouru, nous voulons aller encore plus loin.

Oui, c'est un processus. Mais c'est aussi un voyage magnifique.

Leçon 11

LA VÉRITÉ EST... INSAISISSABLE

La vérité existe peut-être, mais je ne l'ai pas encore trouvée, et vous auriez de la difficulté à me convaincre que quiconque l'a trouvée.

Au cours de mes deux décennies à la recherche de la grande vérité du tango, j'en ai trouvé plusieurs petites et quelques-unes d'entre elles semblent se contredire de prime abord : la connexion est la chose la plus importante; la technique est la chose la plus importante; l'étreinte est tout; la posture est tout;

la musicalité est tout; les pas en premier, ensuite la technique; la technique en premier, ensuite les pas; pas de séquences, seulement de l'improvisation; les séquences en premier, ensuite l'improvisation; se concentrer sur les mains et les pieds puis le reste viendra; se concentrer sur son centre et le reste viendra; la clé pour une bonne posture est la position du bassin; la clé pour une bonne posture est la position des omoplates; la clé pour une bonne posture est la position de la tête...

La recherche de la vérité est comme la recherche de la méthode d'enseignement parfaite. Chaque professeur croit avoir la meilleure méthode, mais en même temps, les méthodes de chaque professeur évoluent. Je peux vous dire par expérience qu'à chaque étape de cette évolution, nous avons le sentiment d'avoir saisi une nouvelle grande vérité. Mais un mois ou dix ans plus tard ces vérités se transforment à nouveau. Est-ce que cela signifie que nous étions dans l'erreur l'année précédente et que cette fois nous avons enfin raison? Nous le pensons probablement, mais le professeur situé à l'autre bout de la ville qui vient de découvrir sa nouvelle vérité le pense aussi.

Certains professeurs sont totalement contre l'enseignement de tout « pas de base » ou autre séquence préformatée, tandis que d'autres ne croient pas en l'enseignement de la technique, parce qu'ils croient que les élèves développeront une bonne technique par eux-mêmes à force de répéter les mouvements et les séquences. Est-ce qu'une approche est meilleure que l'autre, ou plus « vraie » que l'autre?

En vérité, tandis qu'une approche peut convenir tout à fait à un étudiant, elle peut être tout à fait inadéquate pour un autre. Différentes personnes apprennent différemment et, au bout du compte, les professeurs doivent utiliser différentes approches dans leur enseignement et les étudiants doivent trouver le professeur qui convient le mieux à leur style d'apprentissage.

Tandis qu'un étudiant visuel aurait avantage à regarder le professeur démontrer un mouvement plusieurs fois, un étudiant auditif préférerait entendre une description et une explication détaillées. Pendant ce temps, un apprenti kinesthésique serait avide d'essayer les pas lui-même et voudra imiter le professeur pendant qu'il fait la démonstration plutôt que de regarder. D'autre part, les gens intéressés par les détails vont saisir différemment de ceux qui saisissent rapidement l'image globale. Chacun profitera d'une approche d'enseignement différente et développera dans un ordre différent les divers groupes d'habiletés tels qu'apprendre ou mémoriser les séquences, la technique de marche, la connexion guideur-guidée, la musicalité et la gestion du plancher de danse.

Il y a des professeurs, des danseurs et même des chorégraphes qui ne croient pas au comptage des temps musicaux et qui se fient plutôt à des indices ou repères musicaux parce que selon eux, le comptage rend la danse trop mécanique. Ils prônent de ressentir la musique pour que votre danse soit plus expressive. Cela a du sens. Mais il y a ceux qui ont besoin de tout compter. D'autres prônent d'apprendre à structurer votre danse selon la musique et que le ressenti viendra avec le temps. Cela aussi a du sens. Alors, y a-t-il une seule bonne méthode?

La meilleure approche pour enseigner et danser inclut probablement un mélange de tout : un peu de technique et des pas amusants enseignés en utilisant des démonstrations et des explications, avec beaucoup de temps de pratique. Et même là, les proportions changeront dans le temps et avec chaque individu.

Il y a aussi les camps opposés des goûts musicaux : « Tout ce qui a été composé depuis 1955 est sans valeur! » versus « Plus de deux tandas consécutives de l'Âge d'or est ennuyeux et répétitif! » Je peux vous dire que chaque camp a ses goûts très à cœur et que chacun est convaincu de détenir la vérité au sujet de la musique de tango.

Je pense alors à un danseur que je connais qui a des goûts que je considère très traditionnels (Fresedo-Ray, D'Agostino-Vargas, Laurenz, Maffia...). Il connaît les orchestres de tango mieux que la plupart des danseurs, il aime les classiques de l'Âge d'or et il se roule les yeux lorsqu'on joue quelque chose de grand et de dramatique comme Varela. En même temps, il n'a aucun problème à danser sur l'une de mes *tandas* alternative très marginale comme Tom Waits. Alors quels goûts musicaux sont les bons?

L'expérience du tango n'est pas la même pour tout le monde. Je pourrais diviser les danseurs de tango en trois groupes principaux : les danseurs « sociaux », les artistes ou danseurs de performance, et les étudiants perpétuels.

Puisqu'à l'origine le tango était une danse sociale et l'est encore, les danseurs « sociaux » sont de loin le groupe prédominant. On retrouve toutes sortes de gens dans ce groupe, mais je les divise en deux sous-groupes. Il y a les gourmands, ceux qui considèrent qu'une bonne soirée en est une où ils ont dansé presque toutes les *tandas*. Ces danseurs sont sur le plancher autant que possible, dansant avec autant de partenaires que possible, s'assoyant rarement pour discuter et n'allant presque jamais au bar pour prendre un verre. Ces danseurs du type de buffet « tout-ce-que-vous-pouvez-danser » sont regardés de haut par les danseurs pointilleux du type gourmet. Les membres de ce groupe recherchent toujours la qualité plutôt que la quantité. Ils dansent des *tandas* sélectionnées avec des partenaires sélectionnés. Ils tiennent mordicus aux *códigos* (protocoles) et ils passent autant de temps à socialiser entre eux qu'à danser. Ils sont souvent de très bons danseurs et sont conséquemment très convaincus qu'ils possèdent la vérité, mais d'autres les accusent d'exclusion, de snobisme et d'élitisme.

Peu importe qui a raison, ils oublient tous que les danseurs ne sont pas tous des danseurs « sociaux ». Certains danseurs professionnels passent tellement de temps à s'entraîner, à faire des tournées et à donner des prestations qu'ils viennent rarement dans les *milongas*. Et si l'on parle des danseurs de scène, un grand nombre de danseurs « sociaux » rejettent ce qu'ils font comme n'étant pas du « vrai » tango, parce que c'est trop chorégraphié, tape-à-l'œil ou acrobatique. Mais ces danseurs de scène ont des habiletés bien au-delà de ce que la plupart des danseurs peuvent espérer atteindre. Alors qui parmi nous sont de vrais danseurs?

Parlant de danseurs qui ne vont jamais aux *milongas*, j'ai des étudiants qui prennent régulièrement des cours depuis des années, certains d'entre eux sont devenus très compétents en chemin, mais ils ne sortent jamais danser en société. Peut-être que leur cadre de vie (enfant, carrière, conjoint qui ne danse pas) ne se prête pas à aller dans les clubs de tango tard dans la nuit, ou peut-être que le monde du tango social ne les attire pas même s'ils aiment la musique et le processus d'apprentissage. Est-ce que cela fait qu'ils n'en sont pas moins des danseurs de tango?

En fait, tous ces danseurs sont des danseurs de tango, même si leurs habiletés, leurs buts, leur vision et leur expérience du tango sont largement différents.

Je suppose que la vérité du tango se situe quelque part dans un équilibre entre simple plaisir et travail ardu, mouvements tape-à-l'œil et bonne technique, discipline et créativité, tradition et évolution. Il n'y a peut-être pas une grande vérité, mais la quête nous mènera à de grandes découvertes.

Leçon 12

VOUS AVEZ BESOIN D'AVOIR LA PEAU DURE POUR DANSER LE TANGO

Si vous lisez ceci, vous aimez probablement le tango et vous devez aussi savoir que ce n'est pas aussi facile que vous le pensiez. Je ne parle pas seulement de se souvenir des séquences, de perfectionner sa technique ou de suivre le rythme. Cette leçon porte sur les façons dont le tango peut malmener votre ego et votre estime de soi.

Comme apprenti du tango

Le tango est une danse sociale et on dit que c'est une danse pour tous. Vous avez certainement entendu dire « si vous pouvez marcher, vous pouvez danser le tango ». C'est la devise de ma propre école et, bien que je la maintiens, je dois avouer que ce n'est pas parce que vous pouvez marcher que vous pouvez *bien* danser le tango. C'est un fait auquel tous les danseurs doivent faire face s'ils veulent s'améliorer et aller de l'avant.

Après quelques leçons, nous commençons à réaliser que la simplicité même du tango est ce qui le rend difficile. Le tango est un équilibre délicat, plein de paradoxes et de contradictions. Il faut de la clarté et de la subtilité, une étreinte à la fois douce et ferme, des jambes à la fois puissantes et libres, des genoux en extension et mobiles. Bien que le tango social ne requiert pas une grande flexibilité et n'est pas une activité de grande intensité cardiovasculaire, il requiert de la force, de l'équilibre et une bonne posture. Il requiert aussi beaucoup de conscience corporelle. Le fait est que ceux qui ont peu de conscience corporelle sont souvent ceux qui ignorent ce fait. Prendre conscience du peu qu'on connaît de son propre corps peut porter un dur coup à l'ego. Il faut aussi être conscient de notre partenaire et de ceux autour de nous et donc avoir de bonnes habiletés de communication et d'écoute.

Le tango est l'ultime exercice multitâche. Vous devez coordonner en même temps chacun de vos mouvements avec la musique, votre partenaire et les couples évoluant autour de vous sur la piste de danse, planifier le prochain mouvement tout en étant constamment prêt à réagir et à modifier ce plan, et tout ça en donnant l'impression et la sensation que c'est fait sans effort. Cela semble beaucoup et ça l'est.

Tout ceci constitue la beauté du tango et la raison pour laquelle il apporte tant de satisfaction quand on commence enfin à comprendre ses ressorts et chaque fois qu'on saisit quelque chose de nouveau. C'est aussi la raison pour laquelle on peut danser le tango pendant des années sans jamais s'ennuyer. Il y a toujours place à amélioration : une meilleure étreinte, une posture plus droite, des pas et des pivots plus solides. Puis il y a la musique. Elle est composée de nombreuses couches et offre une grande diversité de possibilités aux danseurs. Comme débutants, même si on aime la musique de tango, souvent on n'entend pas ou on n'apprécie pas les subtilités des différents orchestres, mais plus on danse et plus on écoute, plus on peut jouer avec les subtilités de la musique. C'est pourquoi les danseurs les plus avancés qui maîtrisent la musicalité ne se lassent jamais des classiques de l'Âge d'or, parce qu'il y a toujours une nouvelle couche avec laquelle jouer et à redécouvrir.

Je crois que la clé pour ne pas devenir frustré et ne pas abandonner quand on réalise à quel point le tango est difficile et que l'apprentissage est un processus sans fin, c'est d'apprécier chaque étape du cheminement. Récoltez les bénéfices de votre dur labeur et notez-les. Peut-être que vous vous tenez plus droit dans votre vie quotidienne, ou vous marchez sur la rue avec plus de confiance en vous, ou bien vous avez développé une meilleure écoute envers les autres. Regardez occasionnellement en arrière et constatez tout le chemin que vous avez parcouru. Quand vous vous surprenez à regarder en avant et que vous vous sentez dépassés par tout ce qu'il reste à apprendre, voyez-le comme un cadeau que vous continuez à vous offrir, parce que cela signifie que les récompenses aussi sont sans fin.

Comme danseur social

Socialement, le tango est une question d'interactions et de connexions humaines. Si vous aimez le tango, vous recherchez probablement ces interactions et les appréciez dans leur ensemble. Cela ne signifie pas pour autant qu'elles sont toutes positives. Il faut toutes sortes de personnes pour créer le monde du tango et bien que chaque rencontre soit merveilleusement différente, chaque rencontre n'est pas nécessairement merveilleuse. Voici quelques expériences déplaisantes que vous avez probablement déjà vécues et que vous vivrez encore.

Le partenaire professeur. Malheureusement, on rencontre souvent ce type sur la piste de danse et dans mes articles. Si vous me connaissez ou connaissez mes écrits, vous savez déjà qu'enseigner sur la piste de danse est l'une des choses qui m'agacent le plus. Le comportement professoral inclut n'importe quel type de commentaire ou de rétroaction sur votre danse allant de votre étreinte à votre marche, à des conseils pour un mouvement que vous ne comprenez pas. Cela inclut aussi les ajustements non verbaux à l'étreinte ou à la posture de votre partenaire, placer leur main différemment ou abaisser leurs épaules par exemple. Rétroactions et corrections tombent aussi dans cette catégorie.

Les comportements professoraux sont une question d'ego de part et d'autre. Ils en disent beaucoup au sujet de l'ego de l'auteur parce que cet auteur suppose automatiquement que l'autre personne est le problème. Surmonter ce comportement signifie reconnaître que vous êtes au moins 50 % du problème, ce qui est difficile à admettre pour votre ego.

Évidemment, être le récipiendaire d'un enseignement sur la piste de danse est aussi difficile pour l'ego. Vous pouvez vous sentir en colère ou blessé, sur la défensive, inférieur, insécurisé ou simplement agacé, et cela se comprend. Sans mentionner le fait que d'interrompre le flux de la danse pour vous corriger brise tout le plaisir du moment présent et de la connexion qu'il pouvait y avoir.

Dans mon livre à moi, enseigner, corriger ou ajuster votre partenaire pendant une milonga est totalement inacceptable. Toutefois, vous y serez tous confrontés un jour ou l'autre.

Que pouvez-vous faire lorsque cela vous arrive? Je suggère de garder le silence et de maintenir une attitude neutre lors du premier commentaire ou ajustement. Si les corrections continuent, dites quelque chose. Habituellement, les phrases au « je » sans confrontation fonctionnent le mieux comme par exemple « je préfère ne pas parler lorsqu'on danse ». Si le comportement persiste, sentez-vous libre de dire « merci! » à la fin de la chanson et de terminer la *tanda* prématurément. Si votre partenaire est offensé ou demande pourquoi, soyez direct. Je ne peux vous dire combien de personnes ont claqué la porte ou sont venues à moi en larmes après avoir été corrigées ou avoir reçu des remarques condescendantes sur le plancher de danse. Les coupables doivent être informés/sensibilisés que leur comportement est blessant et inacceptable.

En même temps, rappelez-vous que le constant besoin d'enseigner ou de corriger votre partenaire en dit plus sur le « professeur » que sur « l'apprenant ». En tango, comme dans la vie, quand les choses ne vont pas comme prévu, on devrait d'abord regarder comment on peut s'ajuster pour améliorer la situation. Dansez tout simplement, acceptez la personne qui est dans vos bras comme il ou elle est dans le moment présent, tirez avantage de leurs forces et ne vous attardez pas à leurs faiblesses. Après tout, vous en avez vous aussi.

De plus, même si vous êtes un(e) débutant(e) et que votre

partenaire est avancé(e), n'encouragez pas ce type de comportement en lui demandant de la rétroaction sur le plancher de danse. Acceptez-vous au niveau que vous êtes et prenez conscience que vous avez le droit de simplement relaxer et savourer le moment, même si vous n'êtes pas encore « avancé(e) ». Si vous pensez que votre partenaire est vraiment qualifié(e) pour offrir une rétroaction utile, vous pouvez en demander lors d'une *práctica* ou lors d'une conversation hors de la piste de danse. Mais même là, à moins de parler avec un véritable professeur, prenez tout conseil avec un grain de sel.

Se sentir rejeté. Parfois vous ne dansez pas beaucoup ou vous n'avez pas l'occasion de danser avec les personnes avec lesquelles vous espériez danser.

C'est décevant quand vous vous habillez en beauté, que vous vous enthousiasmez pour la soirée à venir et qu'elle n'est pas à la hauteur de vos attentes. Peu importe qui vous êtes et votre niveau, ça va vous arriver à l'occasion. Moi aussi, j'ai eu des mauvaises soirées au cours desquelles je me suis sentie ignorée et rejetée, où je me suis demandé pourquoi aucune de mes *miradas* n'avait fonctionné, et que je suis rentrée à la maison décontenancée et de mauvaise humeur, me demandant si je devenais trop vieille et peu attirante ou si j'étais simplement mauvaise et que je ne le savais pas.

Heureusement, il y a toujours de bonnes soirées pour contrebalancer les mauvaises. J'ai acquis assez d'expérience de vie et de perspective pour savoir que les mauvaises soirées relèvent plus de ma perception que de la réalité. Les mauvaises soirées, ça arrive, et pour toutes sortes de raisons. Y avait-il plus de femmes que d'hommes? Étais-je cachée dans un coin ou étais-je souvent absorbée dans une conversation?

Ceci étant dit, si vous avez souvent l'impression de ne pas danser avec les danseurs avec lesquels vous aimeriez danser, il faut peut-être reconnaître qu'il est temps d'améliorer certaines de vos habiletés de danse. Oui, je crois que les danseurs avancés devraient parfois être plus généreux, mais je crois aussi qu'il est normal de vouloir danser avec des gens avec lesquels on prend plaisir à danser. Alors, si vous voulez recevoir plus de *miradas* et de *cabeceos* (les invitations traditionnelles non verbales), travaillez à devenir un plaisir avec qui danser. Je pense que si chacun de nous dansait en gardant à l'esprit le plaisir de nos partenaires plutôt que le nôtre, nous aurions tous plus de plaisir en fin de compte.

Finalement, souvenez-vous que participer à une *milonga* ne se limite pas à danser le plus de *tandas* possible. C'est aussi rencontrer des amis, écouter de la belle musique et admirer les autres danseurs. Si vous vous ouvrez à toute l'atmosphère d'une soirée plutôt que de vous concentrer sur chaque tanda où vous restez assis, vous pourriez passer une très belle soirée même si vous ne dansez pas beaucoup. Vous pourriez aussi dégager une énergie plus positive, sembler plus approchable, et finalement danser davantage.

Comme couple

Le tango peut être dur pour les couples. Nous n'aborderons que brièvement ce sujet pour le moment, car nous l'explorerons en profondeur dans une prochaine leçon. Pour l'instant, disons que beaucoup de difficultés éprouvées par les couples se résument à deux principaux enjeux : la jalousie et la différence des rythmes d'apprentissage. Je ne crois pas que le tango crée des difficultés de couple, mais il peut certainement amplifier les difficultés existantes.

C'est certainement le cas lorsqu'il est question de jalousie. Si vous êtes nouveaux au tango, il peut être déconcertant de voir l'amour de votre vie dans les bras d'une autre personne... et y prendre plaisir. Mais une fois que vous vous êtes vraiment intégré au tango, vous comprenez que pour la plupart des danseurs, c'est une question de danse et rien de plus. L'intensité, la connexion et l'abandon ne quittent pas le plancher de danse. Si on cherche plus que la danse, ça n'a rien à voir avec le tango. Le tango peut tout simplement être le moyen choisi pour trouver ce qu'on cherche. Si votre relation est forte et que vous faites confiance à votre partenaire, le tango ne sera pas un problème. Si votre relation est fragile et que vous ne faites pas confiance à votre partenaire, le tango peut être un jeu dangereux, mais il n'est pas à blâmer.

Puis vient la frustration qui naît lorsqu'on apprend le tango ensemble, mais qu'on n'évolue pas au même rythme, ce qui est presque toujours le cas. L'un ou l'autre des partenaires peut apprendre plus rapidement, mais souvent c'est le guideur qui porte le gros du blâme, de l'impatience et de la frustration des deux parties. Il est généralement accepté que les premiers stades d'apprentissage sont plus difficiles pour les guideurs. Les guidées qui possèdent une habileté naturelle à suivre peuvent avoir rapidement l'impression qu'elles dansent plutôt bien lorsqu'elles sont jumelées avec un guideur plus avancé. Mais pour les guideurs, il y a beaucoup de choses auxquelles penser et à comprendre dès le début, ce qui peut mener très tôt à de la confusion et à de la frustration. Les deux partenaires ont l'impression erronée que la guidée apprend plus vite ou danse mieux que son partenaire, alors les deux s'impatientent envers le rythme d'apprentissage du guideur. C'est plus tard que la réalité s'impose pour les guidées, lorsqu'elles réalisent que leur rôle devrait être tellement plus que de « seulement suivre ». Tout ceci est fréquent et normal. Rappelez-vous simplement d'essayer d'être patient et généreux envers votre partenaire, parce que quoi qu'il arrive, il ou elle est aussi en train d'apprendre et essaie certainement de faire de son mieux.

Si la vie imite le tango et vice versa, rappelez-vous que dans les deux cas, peu importe combien vous aimez quelque chose, ça ne peut jamais être positif tout le temps. Les moments difficiles sont là pour nous enseigner quelque chose et les grands moments sont là pour nous récompenser. Le tango, comme la vie, requiert un équilibre. Les moments difficiles contrebalancent les bons moments et nous aident à les savourer encore plus.

Maintenez le cap et travaillez fort. Vous vous améliorerez et peut-être même qu'un jour vous briserez le seuil de l'insaisissable niveau « avancé ». En cours de route il y aura des creux et des plateaux dans le processus d'apprentissage, de la frustration, des refus, de l'insécurité, de la jalousie, des moments gênants et des mauvaises soirées.

Tout ceci m'arrive encore et j'ai encore des journées où je me demande si je ne devrais pas tout abandonner. Évidemment je ne le fais pas parce que le tango apporte tant de choses dans ma vie… incluant m'endurcir la couenne avec un peu de fermeté affectueuse à l'occasion.

Leçon 13

IL FAUT SAVOIR GUIDER ET SUIVRE

Comment pouvez-vous devenir un meilleur danseur en entrant en connexion plus entièrement avec vos partenaires? En apprenant à la fois à exprimer *et* à écouter, à donner *et* à recevoir. Vous pouvez acquérir ces compétences en apprenant à guider *et* à suivre, quel que soit votre rôle initial ou préféré.

La technique est la technique, et la connexion est la connexion. Au plan physique, il y a peu ou pas de différence. Par contre, au plan des processus mentaux à l'oeuvre dans les deux rôles, il y a certaines différences. Les guideurs doivent planifier et naviguer. Ils doivent aussi avoir une forme de compréhension des pas de leur partenaire que les guidées n'ont pas à avoir.

J'aimerais donner un conseil à ceux qui veulent apprendre l'autre rôle : n'essayez pas de changer votre technique quand vous changez de rôle. Améliorez certainement votre posture, votre étreinte, votre musicalité et tout ce sur quoi vous devez travailler, mais tout ce que vous améliorerez s'appliquera quel que soit le rôle dans lequel vous dansez.

Certaines personnes craignent de nuire à leur danse en explorant l'autre rôle. Je pense que c'est rare et lorsque cela se produit, c'est probablement parce qu'elles sont trop accrochées à la terminologie « guideur » et « guidée ». Je pense que ces termes sont limitants, problématiques, même préjudiciables. Je crois que ces simples mots sont l'une des principales raisons pour lesquelles certains danseurs sont hésitants à apprendre l'autre rôle. Ces mots ne communiquent pas adéquatement ce que sont vraiment les deux rôles ni tout ce qu'ils ont en commun. J'examine cette question plus en détail dans la leçon « Terminologie du tango » à la fin de ce livre.

En bref, guider et suivre contiennent chacun une bonne dose de l'autre, et les meilleurs danseurs utilisent les deux à leur avantage. Les meilleurs guideurs sont réceptifs et les meilleures guidées sont expressives. Travailler ces deux qualités ajoutera certainement une autre grande qualité à votre danse : un esprit joueur.

Une solution possible est que les professeurs enseignent les deux rôles à tout le monde dès le début. Il y a des professeurs qui le font et je pense que c'est une approche intéressante. Ce n'est pas mon approche pour plusieurs raisons, incluant le fait que la plupart des étudiants qui franchissent la porte de mon studio ne veulent pas apprendre les deux rôles. Pas encore !

Cela nécessiterait aussi une réorganisation de toute ma structure d'enseignement dans une mesure où je ne suis pas encore prête à assumer. Finalement, je ne suis pas convaincue que d'enseigner les deux rôles dès le début est nécessairement meilleur que le système traditionnel avec un seul rôle. Chaque méthode a certainement ses points forts et, comme pour toutes les méthodes, aucune n'est idéale pour tout le monde.

Dans tous les cas, je pense qu'il est généralement accepté que d'apprendre à suivre améliore les habiletés de guidage. Comment cela pourrait-il ne pas l'être ? Puisque les guideurs ont besoin de comprendre les pas et les mouvements de leurs partenaires, il est tout à fait logique qu'ils les apprennent. Pour paraphraser une expression très connue, la meilleure façon de faire l'expérience de la réalité d'une autre personne est de marcher un kilomètre dans ses chaussures.

À l'inverse, que les guidées vont s'améliorer en apprenant à guider est moins accepté. Un mythe cours parmi certains guideurs masculins à l'effet que les femmes qui apprennent à guider gâchent leurs habiletés à suivre. Les hommes qui croient cela proclament même avoir des preuves anecdotiques pour appuyer leurs croyances. Désolé les gars, je n'achète pas ça.

D'abord, les professeurs sont parmi les danseurs les plus habiles, guideurs ou guidées, et la plupart, sinon tous, dansent les deux rôles. Je sais que d'avoir appris à guider a grandement contribué à l'ensemble de mes habiletés de danse, et conséquemment à mes habiletés de guidée. Toutefois, apprendre un nouveau rôle, comme apprendre n'importe quelle nouvelle technique en danse, requiert du travail et un effort mental. Pendant que nous sommes dans le processus d'apprendre et de perfectionner quelque chose de nouveau, une grande part de notre attention est absorbée par cette nouvelle habileté. Il se peut alors que notre connexion en souffre, mais ce n'est que temporaire. C'est exactement ce que tous les nouveaux guideurs éprouvent. Ils sont trop occupés à comprendre les pas et à naviguer sur la piste de danse pour être bien en contact ou danser avec présence. Une fois les bases du rôle bien acquises et, peut-être le plus important, une fois que le danseur développe la conviction qu'il ou elle sait ce qu'il ou elle fait, il/elle peut alors lâcher prise et penser à son/sa partenaire.

Les leaders féminins sont aussi critiquées pour leurs habiletés à naviguer. Certains leaders masculins disent que les femmes sont des « pilotes dangereux ». Encore une fois, cela dépend en partie de l'endroit où elles se trouvent dans la courbe d'apprentissage à titre de guideurs. Bien sûr, il y a des guideurs féminins qui sont dangereuses et qui ne respectent pas la *ronda,* mais il y a beaucoup de pilotes masculins imprévisibles aussi, mais ils passent inaperçus parce qu'ils se fondent avec la majorité.

Je suppose que c'est un bon moment de rappeler à tous que l'art de gérer la piste et la ligne de danse ne devrait pas être quelque chose auquel on pense après coup. C'est tout aussi important que la maîtrise des mouvements de danse et la musicalité. Quand on apprend à conduire une voiture ou à suivre la circulation, faire des virages ainsi que des changements de voie en toute sécurité sont aussi importants qu'apprendre comment le véhicule lui-même fonctionne.

Ça devrait être la même chose sur la piste de danse. Peu importe votre genre, je dis à tous les leaders : développez vos habiletés à naviguer et dansez en respectant les autres autour de vous.

Tout ceci étant dit, certaines personnes aiment danser les deux rôles alors que d'autres ont une forte préférence pour l'un des rôles. Personnellement, j'aime guider et j'ai travaillé fort au cours des ans pour développer de bonnes habiletés à guider, mais je n'éprouve toujours pas le même bonheur en guidant que lorsque je suis guidée. Je savoure la sensation d'abandon dans mon rôle premier. Quand je guide, je suis beaucoup plus dans ma tête, et je crois que le suis déjà bien assez dans ma vie quotidienne!

Je ne dis pas que tout le monde devrait maîtriser les deux rôles ou les danser à parts égales, mais je pense que nous devrions tous en faire l'expérience à un certain moment afin de développer une compréhension minimale de ce que notre partenaire ressent et de ce dont il a besoin. Et qui sait, si vous l'essayez, vous pourriez être surpris de découvrir à quel point vous aimez ça.

Leçon 14

COMMENT FRANCHIR LE SEUIL DU NIVEAU AVANCÉ

Dans le processus d'apprentissage du tango, le niveau intermédiaire est le plus dur, le plus long et le plus difficile à traverser pour parvenir au niveau suivant. Vraiment, me dites-vous? Le niveau débutant ne serait-il pas plus difficile que le niveau intermédiaire? Pas selon moi. Il y a des raisons pour lesquelles la plupart des danseurs sont de niveau intermédiaire.

La phase de débutant

Comme débutants, nous sommes dans une phase de pure découverte. On pourrait l'appeler l'innocence du tango. Le monde du tango est tout nouveau et un peu magique. Bien sûr il y a des frustrations à ce niveau, mais au début, la plupart des danseurs avancent assez rapidement le long de la courbe d'apprentissage, en partant de rien à quelque chose en très peu de temps.

Je dirais que la phase de débutant dure de six à douze mois pour l'étudiant de tango moyen. Comme j'ai dit, ceci est une moyenne; il y a toujours des exceptions. De temps en temps, un étudiant particulièrement doué passe en flèche de débutant à avancé en un an, et de temps en temps il y a des étudiants qui recommencent Tango 1 une demi-douzaine de fois sans vraiment comprendre. Mais les étudiants acquièrent pour la plupart en un an suffisamment d'habiletés et de connaissances pour aller plus loin.

La phase intermédiaire

À ce niveau, le tango a perdu un peu de son mystère initial. Nous l'aimons toujours, nous sommes toujours impressionnés par ceux qui le maîtrisent plus que nous, mais ce n'est plus nouveau ou inatteignable comme ça l'a déjà été.

Ce stade est jonché de plateaux dans la courbe d'apprentissage et juste au moment où on a l'impression qu'on va y arriver, on a une soirée décevante et on conclut qu'en fin de compte on ne sait rien. Alors il y a de la frustration, beaucoup de frustration.

À ce stade, les guideurs ont tendance à se sentir stressés de ne pas connaître plus de mouvements et ils se trouvent ennuyeux s'ils ne peuvent en faire assez pendant une *tanda*. Les guidées aussi deviennent frustrées, envers leur partenaire si elles ont l'impression qu'il ne parvient pas à suivre, et envers elles-mêmes lorsqu'elles commencent à comprendre que leur rôle est davantage que suivre. Éventuellement, elles commencent à réaliser que les erreurs ne sont pas toutes la faute du guideur et que leur côté du partenariat est plus difficile qu'elles ne l'anticipaient. Bien que cette prise de conscience soit un bon signe, c'est tout de même frustrant.

Entretemps, les professeurs ne cessent de dire de porter plus attention à la posture, à la connexion, à la musicalité et à la gestion du plancher, mais la plupart des danseurs de niveau intermédiaire ne le saisissent pas encore tout à fait.

À ce stade, guideurs et guidées peuvent se sentir dans un creux de vague dans la mesure où ils réalisent combien de temps et d'efforts ardus sont encore à venir. Plusieurs danseurs cessent d'aller de l'avant. Ils ont acquis suffisamment de mouvements et de partenaires pour s'amuser aux *milongas*. Alors, pourquoi investir du temps, de l'effort et de l'argent dans des cours? Si le but est de socialiser et de danser, il a été atteint. Plusieurs danseurs sont contents à ce niveau et ne ressentent pas le besoin d'aller plus loin.

Certains toutefois veulent aller plus loin, percer le seuil suivant et devenir vraiment « avancés ». La plupart des danseurs rendus au niveau intermédiaire-avancé ont plusieurs fois approché le seuil quand, par chance ou à dessein, tout s'est mis en place avec facilité : les pas, l'équilibre, l'étreinte et la musicalité. Ils ont ressenti ce que ça devrait être, ce que ça pourrait être, et ils en veulent plus. Ces danseurs doivent trouver le moyen d'y parvenir ou ils vont finir par abandonner par frustration.

Pour la plupart, sauf les rares danseurs vraiment exceptionnels, c'est la phase intermédiaire qui dure le plus longtemps. En moyenne, elle commence après environ un an, mais pour certains elle ne se termine jamais. Cela ne signifie pas qu'il n'y a pas d'améliorations pendant tout ce temps. Il y en aura, peut-être même beaucoup. Le niveau intermédiaire est très vaste et la plupart des danseurs s'améliorent et avancent au moins un peu. Mais vraiment franchir l'insaisissable seuil « avancé » ne se produira pas pour tout le monde, peu importe le temps que vous passerez à danser dans les *milongas*.

La phase avancée

Une fois qu'on devient vraiment avancé, il y a une nouvelle magie. Il y a toutes ces choses dont on a déjà entendu parler, mais qu'on n'avait pas vraiment saisies, et maintenant, ça y est. C'est comme si on était finalement admis dans une société secrète et qu'on avait déchiffré les codes pour accéder à un nouveau niveau de compréhension et d'éveil. Nous dansons avec abandon, incarnons la musique, devenons « un » avec nos partenaires. Il y a encore et toujours de nouvelles découvertes à venir, mais elles sont à un tout autre niveau.

Ces années de dur labeur rapportent enfin et c'est si satisfaisant. C'est ici que les lumières s'allument et que l'on comprend par soi-même ce que nos professeurs ne cessaient de nous dire : que la technique est reine et nous libère pour apprécier la danse à un tout autre niveau. On réalise que les séquences et les mouvements sont secondaires, non seulement à la technique, mais aussi à la musicalité, la connexion et la gestion de la piste de danse. À ce point, on comprend vraiment que les habiletés et le plaisir sont une question du comment et non du quoi.

Il est rare qu'un danseur devienne vraiment avancé en

moins de cinq ans et comme je l'ai déjà dit, plusieurs ne le deviennent jamais.

J'aimerais avoir une solution magique universelle pour parvenir à cette percée, mais je ne l'ai pas. En fin de compte, le travail ardu et chaque réalisation qu'on en retire sont propres à chaque danseur. Comme professeure, je peux seulement guider et entraîner, je ne peux faire le travail pour vous. Je peux vous diriger dans la bonne direction et même vous guider le long du bon chemin, mais que vous atteigniez votre destination ou non dépend de vous. En tant qu'écrivaine et enseignante, je suggère la recette suivante, mais c'est à vous de la préparer.

Les quatre ingrédients essentiels pour atteindre cette percée au niveau avancé :

1. **Le talent.** Certaines personnes franchissent la porte et les professeurs savent tout de suite qu'elles ont quelque chose de spécial. Elles se déplacent bien, intègrent les corrections presque instantanément et semblent comprendre dès le début comment l'ensemble fonctionne. Peut-être qu'elles ont pratiqué la danse toute leur vie et que très tôt elles ont développé leur force, leur axe et une conscience de leur corps; ou peut-être qu'elles l'ont tout simplement dans le sang. Ils ne sont pas musiciens ni danseurs (pas encore), mais ils ont le rythme dans leur corps et ils bougent comme s'ils étaient nés sur la piste de danse. Si vous avez ce talent, le reste sera plus facile. Mais encore, plusieurs personnes tiennent ce talent pour acquis et elles sont des étudiants paresseux. Le talent aide certainement, mais en lui-même, ce n'est pas une garantie de génialité, en tango ou ailleurs.

2. **Le dur labeur.** Ceci signifie que vous vous entrainerez régulièrement en dehors des *milongas*. **D'abord, vous continuerez à suivre des cours,** particulièrement des cours privés. Je dirais qu'à un moment donné ou à un autre, chaque personne qui a atteint le niveau avancé a suivi des cours privés avec un bon professeur. **Vous incorporerez aussi des entraînements autres que le tango** pour améliorer des choses telles que votre posture, votre équilibre et votre force. Ceci peut vouloir dire que vous prendrez des cours de yoga, travaillerez avec un entraîneur personnel ou autre chose. La conscience du corps, un bon alignement, une bonne posture et des jambes fortes sont essentiels pour maîtriser le tango. **Et vous demeurerez suffisamment humbles pour reconnaître que vous n'avez jamais fini d'apprendre.** Peu importe à quel point vous êtes bon, vous pouvez toujours faire mieux. Alors, n'arrêtez pas trop tôt de suivre des cours. En danses sociales, les gens arrêtent habituellement très tôt de suivre des cours, souvent après un an ou deux. Ce n'est pas le cas dans des disciplines telles que le ballet ou le yoga par exemple, où même les praticiens avancés continuent de suivre des cours pendant des années. Par contre, la vaste majorité des danseurs de tango suivent quelques sessions de cours réguliers puis lèvent le nez aux offres de cours de leur studio local, choisissant d'aller seulement aux cours donnés dans les festivals par des maestros de passage, s'ils suivent encore des cours. Comprenez-moi bien, je profite aussi de ces occasions, mais elles coûtent cher et n'offrent aucun suivi. Il y a donc de fortes chances qu'elles soient un outil d'apprentissage moins profitable pour le danseur moyen que des cours réguliers avec un professeur de qualité.

Tout ceci étant dit, le truc génial est qu'une fois qu'on a enfin franchi le seuil du niveau avancé, on peut commencer à apprendre par soi-même. À ce niveau vous avez une compréhension intégrale de votre propre corps et de ce qui constitue une bonne technique de tango, vous pouvez vous entraîner seul ou avec un(e) partenaire et vous améliorer en autodidacte. Vous pouvez pratiquer sans être constamment observé par un professeur parce que vous pratiquez *bien*. Mais, comme tout danseur avancé le sait, des cours et du coaching périodiques par un maestro ou un collègue sont une nécessité. Même les meilleurs danseurs ont de mauvaises habitudes et ont parfois besoin d'un tiers pour le leur faire remarquer.

3. **La détermination.** Vous devez vouloir atteindre le niveau avancé et être disposé à y travailler. Ceci ne peut venir de personne d'autre que de vous-même. Par contre, certaines personnes ne ressentent pas cette détermination dès le début, mais un jour, pour une raison quelconque, elles se réveillent soudainement en ayant pris la ferme décision de « se rendre là » et feront le dur travail requis, stimulées par ses récompenses plutôt que d'être découragés par ses exigences. Cet engagement est essentiel.

4. **Le temps.** Des années d'expérience ne suffisent pas à faire de vous un danseur avancé. Nous connaissons tous des gens qui dansent depuis 15 ans dont la technique n'a pas bougé depuis 10 ans. Mais vous ne pouvez pas précipiter le processus non plus. Votre esprit et votre corps ont besoin de temps pour intégrer et absorber le travail que vous faites. Bien que pratiquer le tango trois fois par semaine sera certainement plus efficace qu'une seule fois par semaine, suivre 10 cours par semaine et danser chaque soir n'accélérera pas nécessairement votre

rythme d'apprentissage de façon exponentielle. Alors, passez du temps sur la piste de danse, mais acceptez aussi que ça va tout simplement prendre du temps.

Vous devez trouver la bonne dose de travail, de temps et de détermination. Ajoutez une pincée de talent, et vous êtes en affaires.

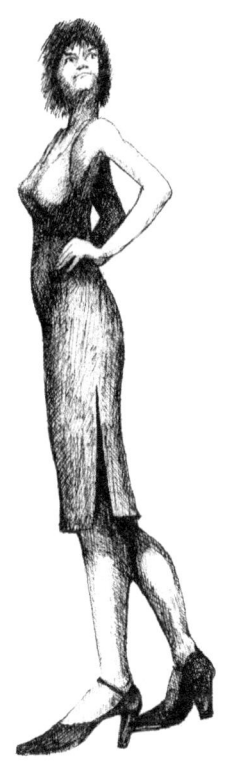

Leçon 15

SOYEZ CLAIR SUR CE QUE VOUS VOULEZ

J'étais une enfant gênée et une adolescente manquant de confiance en elle. Ça m'a pris des décennies pour apprendre comment m'affirmer, à dire non, à me défendre et à demander ce que je veux. Danser et enseigner le tango m'ont à la fois aidé sur le chemin de l'affirmation et m'ont appris l'importance de la confiance – dans la danse et dans la vie.

Sur la piste de danse

Les avantages d'être clair à propos de ce qu'on veut semblent évidents quand il est question de guider, mais les guidées doivent aussi être claires.

Commençons par les guideurs. Si vous ne savez pas ce que vous voulez, votre guidée ne le saura certainement pas. L'hésitation génère de l'hésitation. Si vous attendez continuellement de voir si votre partenaire va vous suivre, elle sera dans un constant état de doute, et ainsi sera la danse. Personne n'a dit que guider était facile : vous devez simultanément attendre votre partenaire et lui faire savoir où vous voulez qu'elle aille par la suite. Ceci signifie que vous savez toujours où vous voulez aller par la suite. Bien sûr les choses ne se déroulent pas toujours comme prévu en tango (c'est le sujet de mon prochain article), mais vous devez quand même avoir un plan et l'exprimer clairement (par les gestes, pas les mots, bien sûr) sinon la danse sera bordélique plutôt que spontanée.

De plus, si vous ne savez pas où vous voulez que chaque pas touche le sol ou que chaque pivot se termine, que ce soit le vôtre ou celui de votre partenaire, vous aurez peu de contrôle sur votre ligne de danse et l'espace que vous occupez sur la piste. Ceci placera votre partenaire à risque et dérangera les autres danseurs autour de vous.

En ce qui concerne les guidées, si j'ai un conseil à donner, c'est celui-ci : ne soyez pas passives. Étreignez votre partenaire comme vous aimeriez l'être, dansez la musique comme vous la ressentez, prenez le temps dont vous avez besoin pour compléter chaque mouvement avant d'aller au suivant. Possédez votre danse et non seulement elle vous satisfera davantage, mais il sera plus satisfaisant de danser avec vous.

Certains penseront que je suis en train de dire aux guidées :

« Faites comme bon vous semble », mais ce n'est pas ça du tout. Tout ce que les guidées font doit demeurer dans le cadre créé par votre partenaire et la musique et dans ce cadre, il y a énormément d'espace pour vous exprimer et danser. Mais vous devez faire ça : danser.

N'hésitez pas, ne vous demandez pas quoi faire, ne questionnez pas, ne vous inquiétez pas. Acceptez chaque mouvement, chaque réaction et complétez-le de façon décidée. S'il y a eu une mauvaise communication, il est trop tard de toute façon pour la corriger, alors finissez le pas et continuez à partir de là. Croyez que vous savez ce que vous avez à faire et vous suivrez davantage, pas moins, parce vous éliminerez toutes les préoccupations et les hésitations, vous permettant de recevoir les messages du guideur avec moins d'interférences. Non seulement ça, mais si vous dansez de façon plus confiante, votre guideur recevra vos messages plus clairement, écoutera davantage et la *tanda* deviendra une fascinante conversation plutôt qu'un monologue à sens unique.

En dehors de la piste de danse

La façon dont vous vous tenez en dit beaucoup. Si vous entrez dans la pièce avec élégance et détermination, vous allez être remarqués, et si vous vous tenez droits lorsque vous êtes assis ou debout, vous aurez l'air de savoir danser avant même d'avoir commencé à le faire. J'ai entendu plus d'un maestro dire qu'il faut être un danseur de tango dès le moment où l'on franchit la portée d'entrée. La posture influence non seulement notre apparence, mais aussi comment on se sent. Le simple fait de soulever et d'ouvrir la poitrine peut alléger des sensations de déprime, par exemple, alors si vous vous tenez bien droit, vous pouvez vous sentir plus confiants. Essentiellement, tenez-vous comme un danseur, vous en aurez l'air et vous vous sentirez comme tel. Et vous en recevrez probablement plus de *miradas* et de *cabeceos*.

Je suis devenue une convertie et une promotrice du système d'invitation *mirada-cabeceo*. *Mirada* signifie « regarder », *cabeceo* signifie « hochement de tête ». Ensemble ils constituent le mode d'invitation non-verbal traditionnel. C'est la méthode la plus largement acceptée d'inviter et de se faire inviter à danser le tango. Essentiellement, les guideurs et les guidées regardent directement la personne avec laquelle ils souhaitent danser en espérant que leurs regards se croisent. Ensuite, le guideur fait un signe de tête en guise d'invitation et la guidée fait un signe de tête ou un sourire pour accepter.

Vous trouvez l'idée intimidante? Vous n'êtes pas le seul. Parce que je suis encore fondamentalement une personne timide qui manque de confiance en moi, j'ai moi aussi trouvé difficile de maîtriser cette façon de faire. D'accord, d'accord, j'ai encore parfois de la difficulté.

Une fois sur la piste de danse, je sais comment danser, mais hors de la piste, c'est difficile pour moi de m'affirmer en regardant une personne directement dans les yeux, surtout un étranger. Tout ceci pour dire que je comprends qu'au début ce n'est pas un système nécessairement facile. Le tango non plus. Et si vous pouvez apprendre cette danse complexe, vous pouvez apprendre ce simple échange de signes.

Ça en vaut la peine parce que ça marche. Cela signifie que vous n'êtes pas assises en attendant passivement d'être choisie par quiconque décide de marcher jusqu'à vous pour vous inviter. D'autre part, vous ne rendez pas quelqu'un inconfortable parce que vous tournez autour. Vous ne risquez pas non plus de subir un rejet parce que vous avez fait une demande directe, risquant soit un rejet direct, ou d'obtenir un « oui » réticent de quelqu'un qui ne veut pas vraiment danser avec vous, mais qui ne veut pas vous blesser.

Le système *mirada-cabeceo* fonctionne parce qu'il est affirmatif des deux côtés. Je dois regarder directement la personne avec laquelle je souhaite danser et il ou elle doit me regarder en retour. Ensuite, le hochement de tête avec peut-être un sourire ou un haussement de sourcil, et on y va. Nous choisissons tous deux nos danseurs. Cet accord mutuel non verbal peut être magique une fois qu'on a compris, comme si on avait conclu un accord secret dont personne n'a connaissance jusqu'à ce qu'on soit soudainement sur la piste de danse dans les bras l'un de l'autre, prêts pour une merveilleuse *tanda*.

En dehors de la *milonga*

Si vous voulez devenir vraiment bon en tango, vous devez prendre la décision de le devenir. J'ai abordé ce sujet dans mon texte précédent « Comment franchir le seuil du niveau avancé », quand j'ai nommé la détermination comme l'une des clés du succès. Essentiellement, vous devez le vouloir et foncer, poser des actions concrètes pour atteindre votre but.

Il y a quelque temps, j'ai regardé une vidéo « TED talk » intéressante portant sur ce qui mène au succès des gens qui ont du succès. Il a été découvert que le facteur commun toujours présent est la persévérance ou la détermination que j'ai mentionnée. Je regardais cette vidéo en ayant à l'esprit l'éducation et le futur de mes enfants, mais lorsque je regarde les meilleurs danseurs autour de moi, au-delà de leur talent et des années de travail investies, je vois ce quelque chose de plus profond, cette ambition et cette détermination qui amplifient le talent, alimentent le travail ardu et leur donne cette profonde conviction que parce qu'ils veulent y arriver, ils vont y arriver. Et ils le font. Vous le pouvez aussi.

    Le tango m'a beaucoup appris à ce sujet et je crois qu'à cause de cela, je suis meilleure danseuse, professeure et femme d'affaires. Comme je l'ai déjà mentionné, il y a encore en moi une personne qui manque de confiance, mais à ses côtés il y a maintenant une personne beaucoup plus confiante qui sait ce qu'elle veut, qui part souvent à sa poursuite et vit en conséquence une vie beaucoup plus satisfaisante.

Leçon 16

ACCEPTEZ QUE LES CHOSES N'AILLENT PAS TEL QUE PLANIFIÉ

Quand vous vous sentez déçus et frustrés dans la vie, c'est souvent parce qu'il est arrivé quelque chose non seulement de déplaisant, mais aussi d'inattendu. Par exemple, vous aviez à coeur d'aller à votre restaurant italien préféré, mais à votre arrivée il était fermé. Alors vous trouvez un plan B, et l'une ou l'autre de ces deux choses se produit :

1. Vous ne vous sentez jamais tout à fait à l'aise parce que c'est plus bruyant que l'autre resto, ou bien le menu n'est pas ce dont vous aviez rêvé toute la journée. Non seulement vous avez de la difficulté à apprécier votre repas, l'ambiance ou même la compagnie, mais vous ressentez un agaçant ressentiment envers l'autre restaurant parce que c'est stupide qu'il soit fermé ce soir-là, et qu'ils devraient mieux annoncer leurs heures d'ouverture pour éviter de faire vivre une telle situation aux gens. Vos plans sont contrecarrés et votre soirée est plus ou moins gâchée.
2. Vous absorbez l'énergie de ce resto animé et décidez d'essayer un mets que vous n'avez jamais goûté auparavant. Cela s'avère intéressant, sinon être la meilleure chose que vous n'ayez jamais goûtée. Entretemps, les entrées et le vin sont délicieux, vous et vos amis avez du plaisir à écouter les conversations bizarres à la table voisine. Vous planifiez toujours une visite à votre petit resto intime dans un avenir rapproché, mais vous avez ajouté un nouveau resto à votre liste. De plus, vous prenez note mentalement d'appeler à l'avance la prochaine fois, ce qui vous évitera de vous buter à une porte fermée ainsi que le temps d'attente quand vous arrivez sans réservation.

C'est un exemple de deux façons complètement différentes de vivre le même événement selon votre façon de percevoir et de réagir. Autoriser au ressentiment de peser lourdement sur des changements inattendus rend très difficile d'avoir du bon temps, peu importe ce qu'il adviendra, mais lâcher prise par rapport au plan initial permet de laisser place à ce qui pourrait advenir.

Danser dans une *milonga* nous amène à mettre de côté notre plan initial et à s'adapter à de nouvelles situations inattendues, constamment en évolution.

Les guideurs apprennent cela très tôt, ou du moins devraient l'apprendre. Essentiellement, un guideur habile a toujours un plan, mais il est expert pour s'adapter aux situations inattendues et changer son plan à tout moment. Oui, la piste de danse est parfois bondée; parfois elle est absolument chaotique. C'est la réalité du tango. Si vous ne pouvez accepter que pour une large part, pratiquer une danse totalement improvisée vous demande d'apprendre à réagir et à vous adapter à ce qui se passe autour de vous, il vous sera difficile d'avoir du plaisir lorsqu'il y a d'autres couples sur la piste de danse.

Avec votre partenaire, des erreurs surviendront, et le plus vite vous pourrez accepter cela, le plus vite vous apprécierez le tango. Trouver des façons créatives de se sortir d'une situation embêtante peut même être un défi amusant. Je suis certaine que la moitié des nouveaux mouvements qui ont été inventés se sont d'abord produits accidentellement, et une grande part de mes *adornos* se produisent lorsque je tente de masquer des faux pas.

Si vous me connaissez ou avez déjà lu mon blogue, vous savez que je n'aime vraiment, mais vraiment pas que les danseurs corrigent ou donnent un enseignement à leurs partenaires. Les guideurs qui corrigent leurs guidées, qui font des commentaires au sujet de ce qu'elles étaient « supposées » faire sont trop attachés à leur plan initial et sont incapables de simplement s'adapter et poursuivre. C'est tellement plus agréable de danser avec quelqu'un qui rit des erreurs inévitables et des effets bizarres qui en résultent. La même chose s'applique aux guideurs qui sont constamment agacés par tous les danseurs autour d'eux. La réalité est que le tango est imprévisible, alors pourquoi s'encombrer de la frustration? En fait, la beauté du tango réside dans son imprévisibilité. C'est ce qui le garde frais et nouveau, malgré le fait que l'on tourne et tourne autour de la même piste de danse, sur la même musique encore et encore.

J'ai dansé une fois avec un danseur qui a littéralement critiqué tous les danseurs autour de nous sur la piste de danse pendant toute la *tanda*. Celui-ci n'avançait pas assez, celui-là était trop près derrière nous, les gens en général n'avançaient pas assez vite. Il était tellement désagréable de danser avec lui par ses critiques incessantes que, des années plus tard, je m'en souviens encore. Imaginez passer sa vie comme ça, constamment agacé et frustré par tout ce qui se passe autour de vous? Je pense qu'il serait difficile d'éprouver du plaisir à quoi que ce soit.

Souvent, les guidées s'accrochent trop à leurs doutes et à leurs insécurités concernant quelle était l'intention de leur guideur : « Est-ce que c'était bien? », « Est-ce que c'est cela qu'il voulait faire? » La réponse est : « Ça n'a pas d'importance ». Ce qui est fait est fait, et c'est aux deux partenaires de simplement poursuivre à partir de là.

Ça, c'est sur la piste de danse, mais en dehors de la piste, l'inattendu peut aussi se produire. Tout comme dans l'exemple du restaurant donné ci-haut, vous pouvez ne pas vivre la soirée que vous aviez anticipée, mais si vous êtes ouverts à ce qui se présente, vous pourrez toujours avoir du bon temps. Vous n'avez pas dansé autant de *tandas* que vous l'aviez espéré? Peut-être que cette soirée était plus à propos de savourer l'ambiance que de remplir votre carnet de danse. Vous n'avez pas reçu de *cabeceo* de la personne avec laquelle vous souhaitiez le plus danser? Peut-être que vous avez fait la soirée d'une autre personne lorsqu'elle a intercepté le vôtre.

Le tango (et aussi le yoga, mais ça, c'est le sujet d'une autre leçon) m'a vraiment aidé à prendre conscience que plusieurs des moments frustrants de la vie se résument à la capacité de laisser aller le plan. Cette habileté est directement liée à la capacité de vivre pleinement ici et maintenant.

Si vous vivez déjà dans l'instant présent et suivez l'erre d'aller, cet aspect du tango peut vous venir assez facilement, comme ça m'est venu lorsque j'ai commencé. Mais si lâcher prise ou encaisser les coups vous est difficile, peut-être que ce seront des leçons de vie que le tango vous apprendra.

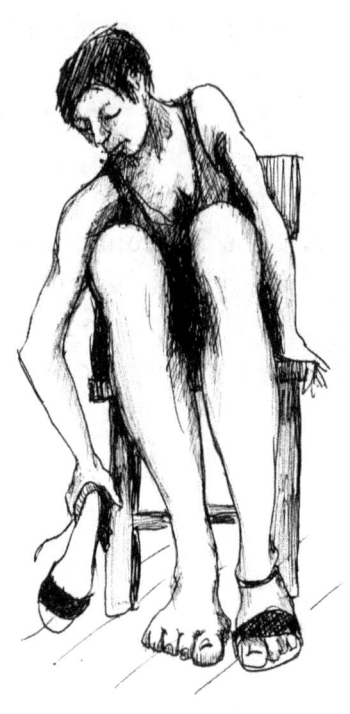

Leçon 17

TRAITEZ BIEN VOS PIEDS

Nos pieds soutiennent tout notre corps. Ils portent notre poids et ils nous permettent de nous tenir debout, de marcher, courir, sauter et, bien sûr, danser.

Nous devrions être reconnaissants envers nos pieds pour tout ce qu'ils font pour nous et nous devrions les traiter avec soin. Il y a peu de mouvements qui ne concernent pas ces petits travailleurs adorés au bout de nos jambes.

Le tango est particulièrement dur pour nos pieds. Si vous

utilisez efficacement vos pieds en dansant le tango, lors de la marche avant, vous exagérerez le roulement du pied, du talon jusqu'aux orteils afin de mieux contrôler l'atterrissage et d'obtenir le maximum de propulsion.

Vous avez sans doute entendu au moins un professeur dire de « pousser dans le plancher ». Lors de la marche, des transferts de poids et des pivots, vous devez pousser sur les métatarses et à travers les orteils pour générer de puissants mouvements que votre partenaire pourra ressentir. C'est un aspect essentiel d'une bonne technique de tango et cela exerce beaucoup de pression sur la plante des pieds. Et si, comme la plupart des gens, vous avez passé une grande partie de votre vie à sous-utiliser vos pieds, vous pourriez vous retrouver avec des pieds fatigués, douloureux et même blessés.

Sous-utilisés vous me dites? Mais je viens tout juste de mentionner que nous utilisons nos pieds dans presque chaque mouvement que nous faisons. Curieusement, bien que nous chargions constamment nos pieds de poids et de mouvements, nous sous-utilisons généralement les muscles intrinsèques des pieds parce qu'on porte habituellement des chaussures et on marche sur des surfaces dures et plates. Vu que nous ne travaillons pas profondément la force, la flexibilité, ni même la mobilité de nos pieds, nos muscles s'atrophient et nos pieds deviennent faibles ainsi que sujets à la douleur et aux blessures.

Les jeunes enfants ont généralement des pieds larges et des orteils évasés. Leurs pieds ont aussi une meilleure dextérité que ceux des adultes et ils peuvent faire des choses telles que remuer leurs orteils séparément. Nous perdons cette habileté à l'âge adulte, mais dans les cultures où les gens sont surtout pieds nus, les gens peuvent conserver cette dextérité pédestre jusqu'à un âge avancé.

D'autre part, plusieurs sinon la plupart des problèmes de genou, de hanche et de dos commencent avec les pieds.

La bonne nouvelle est que puisque la majorité des problèmes de pied sont de nature biomécanique, c'est-à-dire qu'ils sont causés par la façon dont nous nous tenons debout et que nous bougeons, ainsi que par les chaussures que nous portons, plusieurs sont évitables et aussi soignables par la biomécanique.

Voici des actions que vous pouvez entreprendre pour améliorer la santé de vos pieds :

Observez la position de vos pieds. Comment placez-vous vos pieds lorsque vous vous tenez debout et lorsque vous marchez? Si vous êtes debout, vos pieds devraient être parallèles l'un avec l'autre, avec les orteils pointant vers l'avant plutôt que de pointer vers l'extérieur ou vers l'intérieur. De plus, la pression devrait être égale, sur les côtés intérieurs et extérieurs des pieds, de sorte que vous n'êtes ni en pronation (pieds roulés vers l'intérieur) ni en supination (pieds roulés vers l'extérieur) lorsque vous vous tenez debout ou que vous marchez. Lorsque vous êtes en mouvement, il est important de mobiliser vos pieds et vos chevilles et de porter attention au mouvement de roulement à chaque pas vers l'avant et l'arrière.

En tango, on recommande habituellement de maintenir les pieds en « V » de sorte que vos talons sont réunis et le devant des pieds est légèrement tourné vers l'extérieur. L'ouverture devrait être très petite. Ceci vous stabilise sans compromettre l'alignement des articulations. Vos orteils ne devraient pas être écrasés dans le plancher quand vous êtes debout. Votre centre de gravité devrait être suffisamment déplacé vers l'arrière pour que vous puissiez les lever et les bouger, le centre de gravité devrait rester vers l'arrière même lorsque vous êtes en mouvement. Ceci m'amène au point suivant.

Maintenez un bon alignement postural. Ceci réfère à la façon dont la tête, les épaules, la colonne vertébrale, les hanches, les genoux et les chevilles s'alignent les uns par rapport aux autres. Un bon alignement du corps vous aide à établir et à maintenir une posture optimale et améliorera votre danse. Un mauvais alignement ajoute un stress dans la colonne vertébrale et les autres articulations, ce qui peut aussi provoquer leur détérioration.

Pour en savoir plus sur la posture et l'alignement, lisez la leçon 8 plus tôt dans ce livre.

Je termine cette section avec une note sur mon expérience personnelle.

Il y a environ sept ans, c'est grâce au yoga plus que toute autre démarche que j'ai commencé à vraiment comprendre le bon alignement du corps et à me tenir correctement. Quand j'étais plus jeune, je n'ai jamais pu comprendre pourquoi je pouvais courir 10 kilomètres ou danser toute la nuit avec une aisance relative, mais que je ne pouvais me tenir debout plus de 20 minutes sans ressentir une extrême fatigue et une douleur dans mes pieds.

Éventuellement, j'ai appris que mon centre de gravité était trop vers l'avant, ce qui mettait beaucoup de stress sur mes métatarses - et beaucoup de poids sur mes partenaires de tango. Que l'on soit debout, en marche ou en train de danser le tango, notre axe devrait être situé sur nos talons. L'os du talon est le plus large du pied et conçu pour soutenir le poids du corps.

Maintenant que je sais comment m'aligner correctement, je peux me tenir debout beaucoup plus longtemps sans ressentir de fatigue ou de douleur. Même mes talons hauts me fatiguent moins. Mais cela ne signifie pas que je les porte davantage, ce qui m'amène à mon prochain point.

Choisissez vos chaussures avec soin. Pour les *tangueros*, la question principale est : pourquoi des chaussures de danse plutôt que des chaussures de ville confortables? Les chaussures de danse offrent un bon mélange de soutien et de flexibilité. De plus, elles épousent bien la forme de vos pieds et les semelles ne sont ni trop épaisses, ni plus larges que la partie supérieure de la chaussure, alors vous pouvez bien sentir le plancher, les pieds de votre partenaire et les mouvements de vos propres pieds. Assurez-vous d'avoir un bon ajustement et assez d'espace pour vos orteils.

Pour les *tangueras*, c'est une tout autre histoire. La plupart des chaussures de tango ont des talons hauts. Très hauts. De très hauts talons aiguilles. Je pense que tout le monde sait que les talons hauts ne sont pas bons pour nous. D'innombrables livres et articles ont été écrits sur le sujet et les études montrent encore et encore le mal fait au corps des femmes par le port à long terme de talons hauts. Cela affecte nos pieds, nos genoux, nos hanches, notre dos et même les muscles de nos jambes.

Il semble y avoir peu de consensus à savoir quelle serait la hauteur idéale des talons pour des pieds sains. Certains experts disent que la hauteur optimale est de 1-1,5 pouces (2,5-4 centimètres); d'autres disent qu'il faudrait préférer des talons plats. D'autres encore disent que cela varie d'une personne à l'autre selon la forme de leurs pieds. Mais personne ne semble recommander des talons aiguilles de 3,5 pouces (9 centimètres) comme chaussures idéales.

Depuis plus de 20 ans, je porte des talons hauts pour danser le tango. Pendant les 10 premières années, je n'ai pas ressenti de conséquences néfastes autres que des pieds endoloris à la fin d'une longue soirée de danse et des callosités permanentes (le soi-disant coussinet du danseur) au milieu de l'avant-pied. Mais depuis que j'ai ouvert mon école de danse et fait du tango mon emploi à temps plein, mes pieds l'ont ressenti. Je danse cinq ou six jours par semaine et certains jours, je peux passer jusqu'à neuf heures à enseigner, pratiquer et danser.

Bien sûr que l'impact sur mon corps ne tient pas qu'à mes chaussures. C'est aussi dû en partie au nombre d'heures passées sur mes pieds. Et je ne porte pas des talons hauts tout le temps; peut-être même pas la moitié du temps. Plus je vieillis et plus j'étudie la posture, l'alignement et la biomécanique, moins je porte des talons hauts.

Alors, que doit faire une *tanguera* qui aime la mode? Danser avec des chaussures plates ou même de jolies chaussures de pratique à talon bas n'a tout simplement pas la même apparence ni la même sensation que de danser avec des talons hauts sexy. Le choix le plus éclairé que vous puissiez faire et le plus sûr pour la santé à long terme de vos pieds et de vos articulations, c'est d'abandonner les talons hauts et de simplement danser avec des chaussures plates ou à talons bas. Mais si, comme moi, vous n'êtes pas prêtes à délaisser complètement vos chaussures sexy, je vous suggère ce qui suit :

1. Variez vos chaussures de danse et la hauteur de vos talons. Changez souvent vos chaussures, environ toutes les deux heures si vous comptez rester debout plus longtemps que ça. Assurez-vous d'avoir au moins une paire de chaussures de pratique à talon bas dans votre collection.
2. Autant que possible, gardez vos chaussures à talons

hauts pour les *milongas*. Passez le gros de votre temps de cours et de pratique dans des chaussures à talons bas, et ne portez pas du tout de talons hauts en dehors du tango afin de donner à votre corps autant de repos que possible. Dans la vie, tout est une question d'équilibre. Quelques heures par semaine ne vous causeront probablement pas de tort si vous portez des chaussures raisonnables le reste du temps. De plus, évitez de passer beaucoup de temps à porter des gougounes. Elles sont terribles pour vos pieds.

3. Assurez-vous que les chaussures à talons hauts que vous portez sont bien ajustées à vos pieds et sont suffisamment larges. Heureusement, les chaussures pointues à bout fermé ne sont plus à la mode. Les chaussures de type sandale que toutes les *tangueras* portent de nos jours donnent au moins de l'espace aux orteils pour bouger et s'écarter un peu.

4. Assurez-vous d'entraîner votre corps à rester bien aligné, même dans vos chaussures de tango. Les hanches toujours au-dessus des talons. Pour faciliter ceci, les talons de vos chaussures devraient être juste en dessous du talon de votre pied (pas trop en arrière) et devraient être stables.

5. Compensez le port de talons hauts en faisant régulièrement des exercices et des étirements pour vos jambes, particulièrement vos mollets, lesquels raccourcissent avec le port répété de talons hauts. Continuez à lire...

Faites des exercices pour vos pieds afin d'améliorer leur force, leur flexibilité et leur mobilité.

1. Faites des exercices pour les orteils, incluant lever les orteils pendant que vous êtes debout, écarter vos orteils

et bouger chaque orteil séparément. Plusieurs personnes ne peuvent vraiment pas faire ce dernier exercice, mais avec de la pratique vous pouvez rééduquer les petits muscles requis et vous obtiendrez éventuellement des résultats. (Je travaille régulièrement l'agilité de mes orteils et j'ai fait de bons progrès). Mon professeur de yoga m'a même montré un exercice conçu pour réaligner le gros orteil avec la ligne centrale du pied, afin de prévenir ou corriger les débuts d'oignons.

2. Faites des exercices pour renforcer et étirer la plante et les arches des pieds. Les exercices de renforcement incluent chiffonner une serviette ou ramasser des billes ou d'autres petits objets en utilisant vos orteils. Vous pouvez aussi simplement replier vos orteils sans utiliser d'accessoire. Une bonne façon d'étirer vos pieds est de vous agenouiller sur le sol et de vous asseoir sur vos talons (placez une serviette sous vos genoux) avec les orteils en dessous (en extension). Tenir 30 secondes ou aussi longtemps que vous pouvez le supporter.

3. Étirez régulièrement l'arrière de vos cuisses et vos mollets. Qui est partant pour le yoga ?

4. Masser la plante de vos pieds avec une balle de tennis. Il est préférable de le faire debout, ce qui permet de mettre une bonne pression sur diverses parties du pied. Si vos pieds sont trop sensibles au début, vous pouvez le faire assis sur une chaise. Ce massage finit par être agréable et imite un peu la marche pieds nus sur des surfaces inégales. Ce que faisaient nos ancêtres il y a bien longtemps, mais que bien peu d'entre nous font encore.

5. Élevez vos pieds. C'est une bonne chose à faire à tout moment, vraiment, mais surtout après une longue nuit de tango. Allongez-vous sur le sol avec vos mollets ap-

puyés sur le siège d'une chaise ou vos jambes en extension contre un mur. Élever vos jambes améliorera votre circulation tout en réduisant la fatigue ou l'enflure des pieds et des jambes.
6. Dorlotez ces petits choux qui travaillent si fort. Trempez vos pieds douloureux dans de l'eau froide. Massez-les avec une lotion relaxante pour les pieds avant d'aller au lit. Offrez-vous un massage de pieds ou une pédicure.
7. Marchez pieds nus sur la plage. C'est excellent pour la plante des pieds… et pour l'âme.

Si vous avez une douleur aigüe ou persistante, voyez un professionnel. Mon spécialiste de choix est un excellent physiothérapeute qui m'a aidé au cours des ans pour soigner plusieurs blessures mineures. Vous pourriez préférer un podiatre, un ostéopathe ou un autre spécialiste, mais si vous avez de la douleur, faites-la examiner. Savez-vous que 25 % de nos os sont situés dans les pieds et les chevilles? Sans mentionner les 33 articulations et plus de 100 muscles, tendons et ligaments des pieds. Cela fait beaucoup de petits éléments qui peuvent développer des blessures.

Mon partenaire et moi avons eu notre part de maux de pieds avec des noms tels qu'hallux valgus, métatarsalgie, fasciite plantaire, fractures de stress et enchondrome. J'ai aussi des mollets tendus et très développés, ce qui limite ma flexibilité et ma mobilité. Je ne sais pas si c'est le résultat de tout le ballet que j'ai fait dans mon adolescence, le port de talons hauts au cours de mes années de tango, simplement la génétique ou une combinaison de tout cela, mais maintenant je me fais un devoir d'étirer mes mollets presque tous les jours.

Pour ma part, j'ai souvent maltraité mes pieds par mon style de vie, mais je m'assure de plus en plus de prendre un peu de temps chaque jour pour en prendre soin, afin qu'ils puissent prendre soin de moi et de ma danse au cours des années à venir.

Leçon 18

LES CODES DE CONDUITE EXISTENT POUR UNE BONNE RAISON

Chaque jour, je crois de plus en plus fermement aux *códigos* du tango (ses codes de conduite) et j'en fais de plus en plus la promotion dans mon enseignement. La raison d'être de ces règles d'étiquette n'est pas de limiter ou de restreindre la liberté des gens ou leur plaisir, mais au contraire d'assurer que tout le monde puisse passer un moment agréable.

En plus des règles universelles de courtoisie et de bonnes

manières, il y a des règles qui s'appliquent spécifiquement à la danse sociale et même spécifiquement au tango argentin.

J'espère que cette leçon servira de guide aux débutants allant à leurs premières *milongas* et de rappel amical à ceux qui dansent depuis un certain temps.

Traverser la piste de danse

Quand vous entrez dans une *milonga* ou que vous devez traverser d'un côté à l'autre de la salle, faites toujours le tour de la piste de danse, ne passez pas à travers.

Le système d'invitations par *mirada-cabeceo*

Comme j'ai déjà mentionné (voir la leçon 15), je suis de plus en plus une ferme supportrice du système d'invitation par *mirada-cabeceo*. Récapitulons exactement ce que c'est.

Mirada signifie « regard », *cabeceo* signifie « hochement de tête », et ensemble ils constituent le mode d'invitation non verbal, traditionnel et le plus largement accepté d'inviter et de se faire inviter à danser le tango. Essentiellement, les guideurs et les guidées regardent directement la personne avec laquelle ils souhaitent danser en espérant que leurs regards se croisent. Ensuite, le guideur fait un hochement de tête en guise d'invitation et la guidée fait un signe de tête ou un sourire pour accepter.

Ça vaut la peine de l'utiliser parce que ça marche.

En tant que guidées, vous n'êtes pas limitées à attendre une invitation. Croyez-le ou non, il y a encore des gens qui désapprouvent que les femmes fassent les invitations, mais avec le *cabeceo*, la ligne entre inviteur et invitée est brouillée. Après tout, si je veux danser avec lui, c'est à moi de le regarder dans les yeux… alors il fait un signe de tête et je souris, ou est-ce moi qui ai souri et lui qui a ensuite fait un signe de tête?

En tant que guideur, vous ne faites pas une demande directe en risquant un rejet direct ou le « oui » réticent de quelqu'un qui ne veut pas vraiment danser avec vous, mais qui ne veut pas vous blesser.

Ce système signifie que chaque danse est un accord mutuel. Cela prend une subtile affirmation de soi qui n'est pas toujours facile pour les personnes timides, mais si vous maîtrisez cette technique, qui sait ce qu'il pourrait advenir? Par la même occasion, vous pourriez surmonter un peu de votre timidité. Et le système *mirada-cabeceo* est affirmatif pour les deux parties. Vous devez regarder directement la personne avec laquelle vous souhaitez danser et il ou elle doit vous regarder directement. Ensuite, le signe de tête et on y va, nous ayant choisis l'un et l'autre.

Bien sûr que rien n'est infaillible. L'un des inconvénients est le risque de confusion. Lorsque la salle est grande, sombre ou bondée, il peut être difficile de savoir qui regarde qui. Lorsque quelqu'un fait un signe de tête en direction de votre table, il peut être difficile de discerner la cible. Si vous faites un signe de tête à quelqu'un et que la mauvaise personne accepte, la chose gentille et polie à faire est de danser la *tanda* avec votre partenaire imprévu(e) et espérer que la prochaine fois, vous viserez mieux la cible.

Dans tous les cas, tout cet échange devrait se produire après le début de la *tanda* et non pendant la *cortina* (quoique vous pouvez vous sentir libre de planifier à l'avance et être prêt). Pourquoi? Parce que vous êtes censés choisir vos danseurs et la musique l'un en fonction de l'autre. Dans mon cas, j'aime bien danser le tango avec certains danseurs, mais pas les *milongas* rapides. Je réserve la plupart des valses pour quelques danseurs spécifiques et les Pugliese dramatiques à d'autres. Bien sûr qu'il y a des danseurs avec lesquels je danserais n'importe quoi avec plaisir, mon propre partenaire est l'un d'eux, mais ils sont des exceptions. La connexion est autant une question de musique que de la personne qui est dans vos bras et lorsque les deux vont bien ensemble, ça peut être magique.

L'invitation verbale : Tout en encourageant l'utilisation du *cabeceo,* il y a des cas où il est tout à fait correct d'inviter quelqu'un verbalement. Si vous vous adonnez à être près de quelqu'un et souhaitez l'inviter à danser, il est tout à fait sensé d'utiliser des mots. Si vous êtes en conversation avec quelqu'un et une belle *tanda* se présente, bien sûr que vous lui demanderez verbalement.

Avec qui danser : En général, je n'évite pas ou ne refuse pas les gens en fonction de leur niveau d'habileté, mais plutôt en fonction de leur attitude et de leur étiquette sur la piste de danse. Les guideurs que j'évite sont ceux qui me poussent, me tirent et me malmènent de telle sorte que je dois lutter chaque seconde pour maintenir mon équilibre. J'essaie aussi de me tenir à l'écart de ceux qui font preuve d'un mépris total envers les autres danseurs sur la piste de danse. Les guideurs qui utilisent leur partenaire comme un bouclier ou une arme sur la piste de danse sont vraiment stressants parce que les guidées portent toute leur attention au-dessus de leur épaule pour tenter de faire le travail d'éviter les collisions. Aussi, les danseurs qui corrigent leurs partenaires ou donnent un enseignement sur la piste de danse sont placés bien haut sur ma liste de ceux à éviter.

Comme danseurs avancés, si nous acceptons une *tanda* avec

quelques danseurs sans égard pour leur niveau d'habileté, nous aiderons des débutants à améliorer leur danse. Par ailleurs, si nous rejetons des propositions en nous fondant sur de mauvais comportements, nous pourrions aider certains danseurs à se corriger.

Sur le plan de mon plaisir comme guidée, les qualités qui me feront chercher ou accepter des invitations sont : une connexion avec moi, une attention aux déplacements et à la sécurité sur la piste de danse, et la musicalité.

Les figures créatives et les mouvements amusants sont sur la liste, mais pas s'ils font obstacle aux éléments précédents.

Interrompre la danse d'un autre couple pour inviter : Non! Pas pendant une chanson, pas entre les chansons. C'est même mal vu d'attraper quelqu'un pendant la *cortina* alors qu'il (elle) n'a pas encore quitté la piste de danse après la *tanda* précédente. Vous n'êtes tout simplement pas censé inviter quelqu'un qui est déjà sur la piste de danse.

Entrer sur la piste de danse : S'il vous plait, n'oubliez pas ce deuxième usage tout aussi important du *cabeceo*. Quand vous voulez entrer sur la piste de danse avec votre partenaire, vous devez avoir de la considération pour la circulation et éviter d'occuper l'espace devant le couple qui approche. À moins que vous puissiez entrer facilement sur la piste en disposant de plusieurs pas devant le couple qui approche, prenez le temps d'établir un contact visuel avec le guideur avant d'entrer sur la piste et attendez qu'il vous fasse signe que vous pouvez entrer. Quand vous dansez, soyez conscient des points d'entrée sur la piste de danse et permettez aux autres couples d'entrer.

Sur la piste de danse

Les *tandas* : Les *tandas* sont des séries de trois ou quatre chansons du même orchestre ou d'un style similaire. Elles sont séparées par des *cortinas*, de courts extraits de musique qui ne sont pas dans le répertoire du tango. Normalement, il est convenu que l'on danse une *tanda* complète avec le même partenaire. Être quitté avant la fin d'une *tanda* n'est pas agréable. Alors, à moins de circonstances exceptionnelles, rappelez-vous qu'une *tanda* ne dure que 9 à 12 minutes de votre vie. Même si c'est désagréable, vous pouvez probablement sourire et le supporter. Toutefois, il y a trois situations dans lesquelles il est acceptable d'arrêter de danser pendant une *tanda* :

1. Les deux partenaires s'étaient entendus sur cette interruption avant de commencer à danser.
2. Une blessure ou une autre urgence est survenue pendant la danse.
3. Le partenaire est suffisamment impoli ou irrespectueux pour mériter d'être offensé ou embarrassé en étant abandonné au milieu d'une *tanda*.

Respecter la *ronda* : Leaders, suivez la *ronda*, ou ligne de danse. Ceci signifie qu'on ne devrait pas louvoyer aléatoirement d'une ligne de danse à l'autre et qu'on ne devrait pas circuler vite afin d'aller occuper l'espace devant les autres couples. Idéalement, chaque couple devrait terminer chaque chanson en étant positionné devant et derrière les mêmes couples que lorsqu'il a commencé. De plus, regardez toujours devant vous plutôt que vers le bas afin d'éviter les collisions et reculez le moins souvent possible et avec précaution. Ceci est probablement la partie la plus difficile de l'apprentissage du guideur, mais je crois que c'est un peu moins difficile quand vous ne considérez pas les autres couples sur la piste simplement comme des obstacles à éviter, mais comme une partie intégrante de votre danse. Nous devrions danser *avec* les autres couples, pas *contre* ou *malgré* eux. Imaginez tous les couples sur la piste bougeant comme un tout, chaque couple étant unique, mais ensemble. Quelle fluidité il y aurait!

Guidées, restez dans l'espace que votre partenaire vous crée et évitez de lever les pieds du sol à moins d'être certaine qu'il est sécuritaire de le faire. Ceci signifie que si vous dansez les yeux fermés, vous ne devriez pas lever les pieds derrière vous. De plus, si vos yeux sont ouverts, vous pouvez arrêter votre partenaire de faire un pas à reculons afin de prévenir une collision.

Moins de bavardage et plus de danse : Encore une fois, évitez de corriger votre partenaire ou de lui donner des conseils. Dansez à son niveau et lorsque quelque chose ne fonctionne pas, essayez d'améliorer votre propre technique. Corriger est le travail des professeurs et devrait être limité aux heures de cours. En général, réservez la conversation aux moments où la musique est arrêtée. S'excuser à chaque faux pas est presque aussi distrayant que les corrections. Et si vous voulez parler de la température ou de votre journée, allez vous asseoir au bar.

De la qualité, pas de la quantité : C'est la connexion qui compte. Limitez les grands mouvements, surtout lorsque la piste de danse est bondée. Et, une fois de plus, ne guidez pas ou n'exécutez pas de *boleos* aériens avant de vous être assuré qu'il y a suffisamment d'espace pour le faire.

Il a été dit que le *tanguero* qui danse trois heures de suite sans arrêt n'aime pas vraiment le tango, qu'il a juste besoin de bouger, alors qu'un « vrai » danseur choisit ses musiques et ses partenaires avec discernement, et comme mentionné précédemment, souvent en relation l'un avec l'autre. Je pense qu'il y a certainement place pour les deux types de danseurs dans toutes les *milongas*, mais essayez de ne pas devenir découragé ou amer si vous n'avez pas obtenu autant de *tandas* que vous l'espériez. Certaines soirées sont comme ça et une seule merveilleuse *tanda* suffit parfois à faire votre soirée.

Pas de délits de fuite! Des accidents surviennent. Peu importe à qui la faute; il est tout simplement poli de s'excuser, de s'assurer que l'autre personne n'est pas blessée et d'être plus prudent la prochaine fois.

À propos de l'hygiène

Je déteste avoir besoin de dire aux gens qu'il est important de faire des choses comme prendre une douche, se brosser les dents et appliquer du désodorisant avant de se rendre au cours de tango ou à la *milonga*. Mais il y a encore des gens qui ne savent pas ou ne se préoccupent pas du fait que la mauvaise haleine et d'autres odeurs corporelles sont désagréables pour les partenaires de danse et pourraient très bien faire la différence entre une *mirada* et un regard détourné. Je déteste encore plus le fait que je doive dire aux gens de se laver les mains après être allé aux toilettes, mais je sais qu'il y a des femmes et des hommes qui ne le font pas; je l'ai vu de mes propres yeux.

À l'heure actuelle, alors qu'une pandémie fait rage sur la planète, le lavage et la désinfection des mains sont à la mode et pour une bonne raison. Des mains propres empêchent la propagation de toutes sortes d'infections et de maladies, pas seulement des coronavirus.

Lorsqu'un jour, dans un avenir que j'espère pas trop éloigné, nous pourrons à nouveau organiser des événements de tango social en présentiel, nous vous rappellerons non seulement de vous laver ou de vous désinfecter les mains après avoir utilisé les salles de bain, mais aussi lorsque vous entrez et sortez des locaux et entre chaque *tanda*. Et nous insisterons pour que vous restiez à la maison si vous avez des symptômes de rhume ou de grippe.

Qui sait? Nous pourrions tous aussi porter des masques pour les premiers mois. Mais même au jour tant attendu où cette crise sera une chose du passé, j'espère que nous nous souviendrons tous de nous laver les mains souvent pour la sécurité de tous... et de nous rafraîchir régulièrement pour le confort de tous.

Si penser à tout ceci semble être accaparant, admettons que ça le soit au début. Mais en pratique, ces codes et coutumes deviennent une partie intégrante de votre danse, comme la marche, enlacer votre partenaire et suivre le rythme. Après tout, quand vous apprenez à conduire une voiture, opérer le véhicule est une petite part de l'ensemble. Sur la route, vous avez à suivre le flot de la circulation, être conscient et respectueux de tous les autres autour de vous et éviter les collisions. Ne devrait-il pas en être de même sur la piste de danse?

Leçon 19

PRATIQUEZ LA GENTILLESSE

La leçon 6 « C'est agréable d'être important, mais c'est plus important d'être agréable » est de loin l'article le plus populaire de mon blogue. Ce qui indique que les gens ne perçoivent pas nécessairement leurs collègues danseurs de tango comme étant les gens les plus sympathiques.

Cependant, en relisant cet article, je crois nécessaire de faire la distinction entre ce que je veux dire par être « agréable » et être « gentil ».*

Ceux qui sont exagérément préoccupés d'être agréables sont souvent motivés par le besoin d'approbation ou de validation par les autres. En même temps, ils peuvent ignorer leur propre bien-être pour accommoder les autres.

La motivation pour être gentil, dans le sens d'être « bienveillant » ou de faire preuve de bonté, est plus interne. Les gens qui font preuve de bonté sont moins préoccupés par ce que les autres pourraient penser et plus intéressés à faire ce qui est bon. Mais leur respect pour les autres est équilibré par leur respect pour eux-mêmes.

En tango, les personnes « agréables » acceptent de danser avec tout un chacun parce qu'elles ne veulent pas blesser personne ou être perçues comme impolies ou snobs. Bien que c'est une bonne chose de ne pas vouloir blesser les gens, si une expérience précédente avec une personne a été très désagréable, vous ne devriez pas vous sentir obligé de recommencer à votre propre détriment.

D'autre part, les danseurs « gentils » peuvent réserver quelques *tandas* pour les danseurs de niveau inférieur qui travaillent fort ainsi que pour les nouveaux venus solitaires qui n'ont pas dansé de la soirée, mais ils savent encore quand dire non.

Dans ma jeunesse, j'avais l'habitude d'être une personne excessivement « agréable » dans la vie et dans la danse, alors je laissais parfois les gens me marcher dessus et je me sentais coupable à chaque fois que je devais dire non à quelqu'un. Ce type de personnalité ne fonctionne pas très bien lorsqu'on devient parent ni lorsqu'on se lance en affaires. J'ai appris en prenant un peu de maturité que je peux être une bonne personne sans nécessairement être toujours agréable.

Si vous voulez vraiment être une bonne personne en tango, je crois que vous devez danser occasionnellement avec des débutants. Ceci étant dit, il est important de souligner ce que plusieurs lecteurs ont mentionné dans leurs commentaires à propos de la version originale de cet article : Un débutant n'est pas dans la même catégorie qu'un mauvais danseur qui n'a pas tenté de s'améliorer depuis une décennie. Alors, si je connais quelqu'un qui prend encore des cours et qui travaille fort, je suis contente de danser avec lui, sans égard à son niveau. Mais quelqu'un qui se croit vraiment bon simplement parce qu'il danse depuis 15 ans, mais qui zigzague partout sur la piste de danse et qui corrige ses partenaires quand elles n'exécutent pas le mouvement qu'il essayait de guider recevra mon refus poli.

Je crois que l'enseignement devrait se faire par des encouragements et des renforcements positifs. Cela signifie que je m'assure de dire aux étudiants non seulement ce qu'ils font mal, mais aussi ce qu'ils font bien. Pour moi, c'est la partie facile.

Au début, il m'était difficile de d'indiquer aux étudiants leurs erreurs d'alignement et leurs défauts posturaux, particulièrement lorsqu'ils en étaient tout à fait inconscients et que cela signifiait que je devais crever leur bulle. Mais les étudiants viennent à moi pour apprendre et la plupart d'entre eux apprécient un peu de franchise. De plus, j'ai découvert que la plupart des gens ont la peau plus dure que je ne le pensais. De toute façon, un bon professeur peut faire prendre conscience aux étudiants de leurs défauts et de ce qui doit être amélioré sans les diminuer ni les critiquer d'une manière négative ou blessante.

Tel que je l'ai déjà mentionné dans la leçon précédente, je crois fermement qu'il est important de respecter les *códigos* de la *milonga* et que cela améliorera globalement l'expérience de tout le monde. Je crois aussi qu'injecter une dose de générosité dans notre personnalité de *milonguero* contribuera grandement à l'amélioration du bien commun. Les deux ne sont pas mutuellement exclusifs. Par exemple, j'encourage pleinement l'utilisation du *cabeceo*, mais je ne rejette pas les invitations verbales seulement par principe. Je serai heureuse de danser avec vous et j'accepterai votre invitation visuelle ou verbale à la condition qu'elle soit respectueuse.

Sur la piste de danse, les danseurs avec lesquels il est le plus agréable de danser sont ceux qui mettent leur ego de côté et qui dansent avec générosité. Bien sûr que le niveau d'habileté contribue au plaisir de danser, mais que votre partenaire ait ou non une technique impressionnante, s'il vous fait ressentir qu'il prend soin de vous, vous vous sentirez déjà bien.

Voici comment vous pouvez prendre soin de vos partenaires :

1. Dansez à leur niveau en faisant en sorte qu'ils se sentent bien à propos de leur danse, plutôt que de vous préoccuper de démontrer tous vos meilleurs mouvements et *adornos*.
2. Faites tout votre possible pour éviter les collisions sur la piste de danse. Si un accident survient, assurez-vous que personne n'est blessé et présentez vos excuses à tous ceux impliqués. Ne tombez pas en mode défensif et ne cherchez pas quelqu'un à blâmer.
3. Ignorez ou riez des erreurs ou des mauvaises communications. Acceptez que les erreurs fassent partie du tango et, peu importe ce que vous faites, évitez d'enseigner, de corriger ou de commenter la danse de votre partenaire lorsque les choses ne se passent pas comme prévu.

Faites cela et ceux avec qui vous dansez continueront d'en

redemander. Si les deux partenaires se comportent ainsi, alors tous deux se sentiront en sécurité, connectés et à l'aise. Ils pourraient même vouloir que la *tanda* n'aie pas de fin et ils chercheront certainement à en avoir une autre plus tard.

Soyez gentils et généreux et vous contribuerez en fin de compte à la croissance et à l'avancement des autres, de vous-même et de la communauté dans son ensemble.

* La traduction des mots « nice » et « kind » utilisés dans la version anglaise de ce texte n'était pas évidente, car s'il y a une distinction claire entre les deux termes en anglais, elle ne semble pas exister en français. On a choisi « agréable » pour « nice » et « gentil » pour « kind », mais ces mots ne sont pas tout à fait équivalents. En anglais, être « nice », c'est être agréable surtout pour plaire aux autres. Cette qualité serait motivée par la nécessité d'une acceptation et d'une approbation extérieures. Être « kind » signifie avoir une nature véritablement prévenante et attentionnée, motivée par une sincère compassion pour les autres.

Leçon 20

TRAVAILLEZ FORT, AYEZ DU PLAISIR

Quelque part entre les phases débutant et intermédiaire, il devient clair pour plusieurs, sinon pour la plupart des élèves de tango que cette danse sociale amusante est tout compte fait plus difficile et requiert plus de travail qu'ils ne l'avaient anticipé.

Cette prise de conscience peut avoir des effets différents sur les danseurs.

Certains concluent que de passer des heures à pratiquer chaque semaine tout en subissant des blessures à leur ego par les corrections qu'ils reçoivent de leurs enseignants n'est pas la plaisante activité de couple qu'ils avaient en tête et ils abandonnent.

D'autres continuent, mais ils cessent de progresser. Ils ont acquis à un moment donné suffisamment de mouvements et de partenaires pour s'amuser aux *milongas*. Alors, pourquoi tuer leur plaisir en travaillant des choses difficiles et ennuyantes telles que la posture et – beurk – la technique? Ils sont satisfaits de ce à quoi ils sont arrivés et ils ne se sentent pas motivés pour aller plus loin.

Puis il y a ceux qui sont inspirés par les défis présentés par cette danse à la fois simple et complexe; ceux-là travaillent encore plus fort, se sentant récompensés chaque fois qu'ils surmontent une difficulté, en attendant la difficulté suivante. Pour ces danseurs, le dur labeur n'est pas seulement un moyen pour atteindre une fin, il représente une large part de leur plaisir.

Ce qu'il y a de bien, c'est que plus vous travaillez fort, plus ça devient facile. Au fur et à mesure que vous améliorez votre posture et votre alignement, que vous fortifiez vos jambes et développez vos habiletés de communication tango, plus l'effort physique et mental pour danser diminue et la gestion des tâches simultanées accapare moins votre conscience. Alors, si vous avez l'impression que vous pourriez abandonner prochainement, je vous suggère de poursuivre votre lecture et de persévérer encore un peu.

Voici quelques façons d'avoir du plaisir tout en travaillant fort pour améliorer votre danse :

Concentrez-vous sur les choses importantes

Presque tous les débutants sont impressionnés par les

mouvements élaborés qu'ils voient dans les spectacles et sur YouTube. Les danseurs se mettent de la pression (ainsi qu'à leurs partenaires) pour apprendre des tas et des tas de mouvements élaborés et d'en exécuter le plus possible à chaque danse. Vos enseignants vous disent sûrement que les mouvements ne sont pas si importants, mais ceci n'est pas facile à croire à nos débuts. Après tout, c'est difficile de comprendre l'importance d'une étreinte bienveillante et confortable, de la précision musicale et d'une maîtrise de l'art de naviguer sur la piste de danse quand on n'a pas encore ressenti le plaisir issu de ce savoir-faire. Que puis-je dire d'autre que : « Croyez-nous ! » Quelques mouvements simples bien exécutés dans le cadre d'une étreinte confortable et sincère, une musicalité précise et enjouée ainsi qu'un déplacement fluide sur la piste de danse sont un objectif plus réaliste et moins stressant que d'essayer de mémoriser et d'exécuter tous les mouvements et *adornos* fous que vous avez vus. Oui, vous avez besoin d'un vocabulaire, mais vous n'avez pas besoin d'utiliser tout votre vocabulaire tout le temps.

Croyez que le dur labeur apporte ses propres récompenses

Les processus d'apprentissage et de pratique ne sont pas que des moyens pour atteindre une fin. Il y a beaucoup de satisfaction à retirer du simple fait de faire un effort. Ceci est encore plus vrai en tango que dans d'autres domaines. Et bien des récompenses viendront naturellement de ce travail, allant de devenir un partenaire de tango de plus en plus recherché, à l'amélioration des fonctions cérébrales (comme le démontrent de plus en plus d'études), au maintien d'une bonne posture et de la mobilité des articulations tout au cours de notre vie.

Concentrez-vous davantage sur l'amélioration personnelle que sur ce que les autres font de mal

Concentrez-vous sur les défauts de votre partenaire et il est certain que vous en trouverez de plus en plus. Ceci mènera à de la frustration et à de l'impatience des deux côtés. Mais concentrez-vous sur ce que vous pouvez faire pour rendre votre partenaire plus confortable et la danse se déroulera certainement plus en douceur, même si votre partenaire n'est pas très bon.

Soyez contrarié chaque fois que d'autres danseurs vous coupent le chemin ou sont un peu trop près et vous perdrez beaucoup de temps à vous sentir contrarié. Élaborez quelques solutions amusantes prêtes à utiliser face à ces réalités inévitables et vous pouvez transformer toute l'affaire en une sorte de jeu.

Vous avez probablement entendu dire que vous ne pouvez pas contrôler les événements, seulement comment vous réagissez face à eux. Sur la piste de tango, ceci signifie que vous ne pouvez contrôler comment vont réagir votre partenaire ou les autres couples, mais vous avez le contrôle de la façon dont vous allez gérer votre réaction.

Alors, lorsque les choses ne se déroulent pas comme prévu, ou qu'elles vont tout simplement mal, résistez à l'envie d'émettre des sons d'impatience ou de corriger votre partenaire.

Choisissez plutôt d'examiner et de travailler vos habiletés : vous tenir plus droit, abaisser vos épaules, rapprocher vos jambes entre les pas, écouter davantage, ralentir. Vous aurez travaillé à vous améliorer, à donner à votre partenaire une expérience plus agréable et par la même occasion, à faire de vous un danseur plus désirable.

Rappelez-vous que les autres ne sont pas responsables de vos mauvaises soirées

Parfois vous aurez de mauvaises soirées, peu importe qui vous êtes. Peut-être qu'à la leçon de la semaine dernière, vous avez enfin senti que vous avanciez dans la courbe d'apprentissage. Mais ce soir, vous n'avez pas seulement atteint un plateau, vous avez frappé un mur. Peut-être que vous êtes arrivé à la *milonga* habillé sur votre 36 prêt à danser toute la nuit, mais vous n'avez obtenu que deux *tandas* et les deux étaient de qualité inférieure. Aussi dur que ce soit, la meilleure chose à faire est d'accepter qu'en effet, vous avez eu une soirée décevante, et passer à autre chose. Ne vous complaisez pas dans votre malheur, ne blâmez pas votre partenaire inadéquat, n'éprouvez pas de ressentiment envers votre enseignant ou les organisateurs de la *milonga* et ne gardez pas rancune à tous les danseurs qui ne vous ont pas invité. Et n'allez pas non plus ventiler votre frustration partout sur Facebook.

Ayez conscience de ce que vous ressentez, acceptez les événements et ce que vous en pensez, puis faites ce que vous pouvez pour lâcher prise. Ne laissez pas non plus une mauvaise soirée (ou même deux ou trois) vous détruire. Utilisez plutôt ces expériences pour vous motiver à avancer sur la courbe d'apprentissage. Inscrivez-vous à une leçon privée, demandez conseil à un enseignant ou à un danseur que vous admirez, faites des arrangements pour pratiquer avec un ami, prenez entente avec votre partenaire d'être moins critiques l'un envers l'autre pendant les cours.

Tous les jours, je vis cet équilibre entre travailler fort et m'amuser fort dans l'exploitation de mon entreprise. Oui, je travaille fort, très, très fort. Plusieurs personnes le font, et quiconque gère de près une petite entreprise le fait. Le travail sature parfois mon énergie disponible et il y a des jours où cela me déprime. Je me préoccupe de mes pieds blessés, je suis frustrée de ma propre danse, j'ai des confrontations avec mon partenaire (qui travaille tout aussi fort), j'affronte une compétition agressive, je grimace face au solde de mon compte de banque… mais les récompenses! Je suis constamment entourée de mouvement, de musique et de merveilleuses personnes. Chaque semaine je danse, j'enseigne, j'organise des soirées et je crée des listes de lecture de mes musiques préférées. Alors, j'ai aussi du plaisir. Tellement de plaisir. Non pas malgré, mais à cause du fait que je travaille vraiment, vraiment fort.

Alors, travaillez fort pour avoir du plaisir, et ayez du plaisir à travailler fort.

Leçon 21

LE TANGO N'EST PAS POUR TOUT LE MONDE

En plus de deux décennies de danse et d'enseignement et 13 ans à la tête de mon propre studio, j'ai vu plus de gens abandonner le tango que tenir bon.

Sur le site web de mon école, je déclare que le tango est pour tout le monde et que « si vous pouvez marcher, vous pouvez danser ». Je maintiens ces déclarations : vous pouvez apprendre le tango, que vous ayez 25 ou 65 ans, que vous soyez homme ou femme, célibataire ou en couple, timide ou extraverti et la liste pourrait continuer. Mais bien entendu, ce n'est pas seulement parce que vous pouvez marcher que vous allez danser le tango comme un pro et cela ne signifie pas non plus que vous allez l'adorer. Et pour continuer à danser le tango, il faut l'adorer. Parce que si le concept est simple, la danse n'est pas si facile.

En tant qu'amatrice de tango et professeure de tango, je pense que ce serait génial si tout le monde pouvait essayer le tango. Vous pourriez l'aimer, l'adorer, persévérer et devenir vraiment bon. Ou peut-être pas.

Le tango pourrait ne pas être pour vous si :

Vous ne vous en tenez qu'aux choses qui sont faciles pour vous

Les débutants se rendent vite compte que s'ils veulent danser le tango, ils devront y consacrer beaucoup de temps. Un cours par semaine ne suffit pas et vous n'aurez probablement pas l'impression de danser vraiment dans la première année.

Vous ne poursuivrez pas vos cours de tango au-delà de quelques semaines si vous ne ressentez pas un désir de vraiment travailler votre danse, ce qui signifie travailler sur vous-même.

Le tango, comme tous les danseurs expérimentés le savent, est beaucoup plus que la mémorisation de quelques pas ou de quelques séquences. Il s'agit de connexion et de communication, de posture et de marche en douceur, de musicalité et d'improvisation. Et il faut des mois, non, des années, pour apprivoiser et peut-être, seulement peut-être, maîtriser ces phénomènes.

Si tout cela vous semble désagréablement intimidant, peut-être que vous êtes sur la mauvaise voie. Si cela vous semble être un défi passionnant, continuez.

Vous vous attendez à ce que le tango soit simplement une autre série de pas de danse

Tout d'abord, si vous venez au tango après avoir essayé d'autres types de danses sociales ou de danses latines, ne vous attendez pas à sauter les niveaux de débutant en raison de votre expérience passée. Chaque style de danse est différent, le tango argentin est unique et vous n'allez pas l'apprendre dans un format de type 10-danses-en-10-semaines.

Votre expérience de danse passée pourrait vous aider à apprendre plus rapidement, vous avez peut-être développé votre conscience corporelle, le sens du rythme et les habiletés pour guider ou suivre, mais vous avez encore besoin d'apprendre les bases. Vous pourriez aussi avoir à désapprendre une partie de vos autres techniques de danse tel que les genoux tournés vers l'extérieur, le déhanchement ou les coudes relevés.

Apprendre le tango, c'est comme apprendre une nouvelle langue. Si vous parlez déjà deux langues ou plus, vous apprendrez probablement d'autres langues avec plus de facilité, mais cela ne signifie pas que vous sauterez directement au russe de niveau avancé parce que vous parlez déjà français et italien.

Encore une fois, apprendre le tango est une question de perfectionner une technique au fur et à mesure que vous intégrez un tout nouveau vocabulaire dans votre corps. C'est la découverte d'un monde particulier qui ne ressemble à aucun autre. Les pas et les séquences ne sont qu'une petite partie de ce dont il s'agit. Si vous êtes prêt et décidé à découvrir cela, vous

vous dirigez sur le bon chemin.

Vous avez une estime de soi très fragile

J'ai déjà écrit que vous avez besoin d'avoir la peau dure pour danser le tango. Si votre estime de soi est dans un état fragile, le tango peut ne pas être la stimulation dont vous avez besoin à ce moment de votre vie.

Si vous vous lancez dans le tango, vous découvrirez que vous devez réapprendre à marcher, que votre posture a besoin d'ajustement et que vous ne savez pas vraiment comment enlacer quelqu'un. Donc, cet enseignement va probablement vous amener à briser vos habitudes avant de vous aider à les reconstruire.

Et puis il y a l'aspect social. Tout le monde vit de mauvaises soirées quand nous n'obtenons pas le nombre de danses que nous espérions avoir et ça peut prendre tout un effort pour ne pas laisser une telle soirée nous laisser avec le sentiment d'être penaud, indésirable ou aigri.

Certains d'entre nous sont démontés par ce genre de défis, mais d'autres en sont inspirés et sont motivés à les surmonter.

Le tango est votre idée romantique d'une activité en amoureux avec votre bien-aimée

Bien sûr, une session de leçons de tango semble être une excellente idée pour injecter un peu de passion supplémentaire dans votre relation. Et je ne dis pas que ce n'est pas le cas. Mais les gens ont des clichés à l'eau de rose sur le tango, à l'effet que ce serait rempli de passion et de romantisme et que cela se transposera comme par magie dans leur vie et leur relation.

D'accord. Éventuellement, cela pourrait se produire. Mais pas de la façon que vous imaginez et non sans investir beaucoup de temps, d'engagement et de travail acharné dans le processus. De plus, je déteste l'admettre, mais le tango peut être effectivement assez dur pour un couple, ce dont je vais discuter en détail dans la prochaine leçon. La vie de couple peut se compliquer à bien des égards, que vous vous engagiez dans le tango seul ou avec votre être cher.

Pour être bref, apprendre le tango ensemble prendra de la patience, de la compréhension, un sens de l'humour et une bonne dose d'humilité des deux côtés. Du côté positif, si vous êtes en mesure de travailler sur toutes ces choses, ça ne sera pas seulement amusant et romantique, ça pourrait même rendre votre relation plus forte.

Vous vous inscrivez à des cours de tango dans l'espoir de trouver une relation

Bien sûr que ça peut arriver. J'ai rencontré mon partenaire à travers le tango et mon propre frère a rencontré sa femme dans un cours de tango, mais dans les deux cas, cela a pris des années.

Si vous pensez rester au tango assez longtemps pour devenir bon, vous avez besoin de l'aimer assez pour investir beaucoup de temps et d'efforts à le travailler. Le tango n'est pas une session de « speed dating ».

Bien sûr que vous pourriez rencontrer quelqu'un de spécial à travers le tango. Réjouissez-vous si cela se produit, mais ne vous attendez pas à ce que cela arrive.

Lorsque mon école offre des leçons d'essai gratuites pour les nouveaux venus, nous pouvons immédiatement repérer ceux qui sont là avec un motif ultérieur bien défini et ils restent rarement longtemps. La danse va simplement leur exiger trop de travail si leur véritable objectif est de trouver une relation.

Il faut toutes sortes de personnes pour faire un monde (de tango). Dans chaque communauté, il y a donc quelques danseurs de longue date qui aiment la danse elle-même et qui l'utilisent en même temps comme moyen de se rapprocher de ceux qu'ils voient comme des compagnons potentiels.

Cela étant dit, si vous vous inscrivez à des cours de tango comme moyen de rencontrer des gens, ça pourrait être parmi les meilleures choses que vous pourriez faire. Dans les cours de tango et lors des événements de tango, vous rencontrerez toutes sortes de gens fascinants, qui ont tous un intérêt commun significatif. Plus qu'une activité de couple, le tango est une activité sociale, donc vous allez très certainement vous faire des amis et faire partie d'un tout nouveau cercle.

Vous n'avez vraiment pas de place dans votre vie pour une activité dévorante

Si vous voulez danser le tango, vous devez laisser entrer le tango dans votre vie. Une fois par semaine ne suffit pas. Deux fois par semaine, ce n'est même pas suffisant. Et si vous en venez à aimer cette danse, trois, quatre, cinq fois par semaine pourrait ne pas sembler assez. Le tango a tendance à envahir la vie des gens, du moins pour un temps, et il doit presque le faire, du moins pour un temps, si vous voulez devenir un bon danseur. Le tango est souvent appelé une obsession, une dépendance, une drogue, parce que les danseurs de tango vivent, respirent et consomment leur passion. Si vous vous engagez dans cette danse d'une manière sérieuse, vous la laisserez entrer dans votre vie. Ce qui affectera votre calendrier, votre solde bancaire, votre vie sociale et votre âme.

Donc, le tango peut être totalement pour vous si vous n'avez pas peur de quelques années de dur labeur et de vivre occasionnellement une leçon d'humilité, si vous voulez vous faire de nouveaux amis et découvrir quelque chose de stimulant, profond et potentiellement révélateur sur vous-même ou votre relation. Peut-être aussi que le tango n'est pas pour vous. Vous ne le saurez pas avec certitude tant que vous n'en ferez pas l'essai pour voir où il vous mènera.

Leçon 22

LE TANGO PEUT ÊTRE DUR POUR LES COUPLES

Quand on dit « tango », les gens évoquent des images de roses, de romance et de passion et les cours de tango semblent être une bonne activité à entreprendre en couple. Alors, vous vous inscrivez à des cours et au lieu de la romance et de la passion attendues, vous trouvez de la maladresse, de la frustration, de la jalousie ou une attitude défensive. Si cela vous semble familier, vous n'êtes pas les seuls.

Au cours de nos années de tango ensemble, mon partenaire et moi avons vu à peu près tous les problèmes qui peuvent survenir dans un couple et nous en avons vécu nous-mêmes, surtout au cours de nos premières années. Il existe de nombreux scénarios possibles, chacun présentant ses propres défis. Comprenez tout simplement ceci : le tango ne cause pas de problèmes relationnels, mais il peut amplifier des problèmes existants.

Quelques amis et moi parlions de ce phénomène il y a un certain temps et nous avons trouvé ce slogan : « Si votre couple peut survivre au tango, votre couple peut survivre à tout! ». Bien que je ne fasse pas de cette déclaration la nouvelle campagne de marketing de mon école, elle contient un important élément de vérité.

Voici quelques situations courantes, certaines difficultés qui en découlent et des solutions possibles pour que non seulement vous puissiez augmenter les chances que votre relation survive au tango, mais aussi que le tango survive à votre relation.

Vous apprenez le tango ensemble

Les débutants dansent habituellement avec d'autres débutants dans les cours de groupe, mais ce n'est jamais facile. Dans cette situation, certains problèmes relationnels peuvent être facilement amplifiés tels que l'impatience, la jalousie et une attitude défensive.

Pour apprendre le tango, comme pour apprendre quoi que ce soit, il faut être réceptif. Si vous êtes sur la défensive à chaque fois que l'enseignant vient à vous avec une correction ou que votre partenaire ne répond pas comme vous l'espériez, vous aurez tendance à bloquer votre propre capacité à apprendre tout en mettant la majeure partie ou la totalité du blâme sur votre partenaire.

Faites-y face, les deux membres du couple n'apprendront probablement pas exactement au même rythme. L'un ou l'autre des partenaires pourrait apprendre plus rapidement et si ce partenaire est vous, vous devrez être plus patient avec votre partenaire. Si votre partenaire apprend plus vite, vous devrez être patient avec vous-même.

Nous avons tendance à être moins tolérants envers ceux avec qui nous nous sentons à l'aise, donc lorsque votre partenaire de tango est également votre partenaire de vie, vous pourriez vous laisser aller à le blâmer ouvertement pour tout faux pas plus facilement que vous ne le feriez avec un étranger.

Les premières étapes de la courbe d'apprentissage sont souvent plus difficiles pour ceux qui guident, c'est pourquoi ils reçoivent le plus gros du blâme de la part des deux parties. Les guidées avec une touche de talent naturel peuvent assez rapidement sentir qu'elles dansent bien lorsqu'elles sont jumelées à un guideur expérimenté. Mais pour les guideurs, il y a beaucoup de choses auxquelles penser et à comprendre dès le début. Ainsi, les deux partenaires peuvent croire, un peu à tort, que la guidée apprend plus vite ou danse mieux que son partenaire.

La réalité surgit plus tard pour les guidées, une fois qu'elles (ou ils) se rendent compte que leur rôle est bien plus que de simplement « suivre ». Tout cela est commun et normal. Essayez tout simplement de vous rappeler d'être patient et généreux envers votre partenaire, car, quoi qu'il arrive, lui aussi est en train d'apprendre et il fait probablement de son mieux. Et de toute façon, il est improductif de passer beaucoup de temps à essayer de déterminer qui est à blâmer. Travaillez en équipe et, avec l'aide de vos professeurs, vous verrez que vous possédez tous les deux des solutions.

Ensuite, il y a l'insécurité de voir soudainement votre être cher dans les bras de quelqu'un d'autre. Les changements de partenaire sont un excellent outil et, à mon avis, nécessaire pour améliorer vos compétences en danse, mais ils peuvent rendre les novices extrêmement inconfortables. C'est normal. Dans nos cours, nous n'insistons pas pour que les gens changent de partenaire s'ils sont vraiment réfractaires à cette idée. Mais si vous restez à jamais réticent à danser avec quelqu'un d'autre ou à permettre à votre partenaire de le faire, je pense que ce n'est pas un bon signe pour votre avenir ensemble dans le tango.

N'oubliez pas qu'il ne s'agit que de tango (plus à ce sujet ci-dessous). Que les choses se passent bien ou mal avec un autre partenaire, vous rapporterez une part de ce que vous avez appris à votre partenariat régulier.

Apprendre le tango avec votre bien-aimé demandera de part et d'autre de la patience, de la compréhension, de l'humilité et, ne l'oublions pas, un sens de l'humour.

L'un de vous danse déjà et initie l'autre au tango

De même que lorsque des débutants guident des débutants, il y a des difficultés, lorsque l'expérience est associée à l'inexpérience, toutes sortes de déséquilibres se présentent. Les problèmes qui surviennent fréquemment dans cette situation sont, encore une fois, l'impatience et la jalousie, ainsi que les complexes d'infériorité-supériorité.

Si vous avez moins d'expérience que votre partenaire : Ne mettez pas votre partenaire sur un piédestal. Je vois ceci tout le temps. Bien sûr, si votre partenaire danse depuis un an et que vous venez de commencer hier, il vous semblera être un grand danseur. Mais il en sera de même pour presque tout le monde. Et ce que vous devez savoir, c'est qu'une année n'est rien en tango. Votre partenaire a sûrement encore beaucoup de travail à faire sur le plan de la technique. Concentrez-vous donc à apprendre à votre rythme sans vous comparer à votre partenaire ni vous impatienter avec vous-même. Plus facile à dire qu'à faire, je sais, mais idolâtrer votre partenaire en tant que danseur ne vous mènera nulle part.

Ensuite, il y a ce monstre aux yeux verts appelé jalousie. Surtout si vous êtes nouveau au tango, il peut être déconcertant de voir l'amour de votre vie dans les bras de quelqu'un d'autre, et d'en avoir du plaisir. J'ai eu plus d'un étudiant venu me voir et me dire qu'ils ne pouvaient tout simplement pas supporter de regarder leur bien-aimé avoir clairement le plaisir de sa vie dans les bras d'une autre personne.

Cela peut prendre du temps pour devenir suffisamment imprégné du tango pour comprendre que pour la plupart des danseurs, il ne s'agit que de danser et rien de plus. L'intensité, la connexion et l'abandon ne quittent pas la piste de danse. Si quelqu'un cherche plus que de la danse, cela n'a rien à voir avec le tango, le tango est simplement la voie qu'il a choisi pour le trouver.

Si votre partenariat de vie est solide et que vous faites confiance à votre partenaire, le tango ne sera pas un problème. Si votre relation est fragile et que vous ne faites pas confiance à votre partenaire, le tango peut être un jeu dangereux à jouer, mais il n'est pas à blâmer.

Si vous avez plus d'expérience que votre partenaire : Ne soyez pas condescendant. Aucun partenariat n'est vraiment égal (bien que les meilleurs finissent par se rapprocher). Amplifier les inégalités en trouvant constamment des moyens de les signaler est contre-productif et ne servira qu'à mettre votre partenaire sur la défensive. Rappelez-vous que vous aussi, vous avez encore beaucoup à apprendre, vous êtes simplement à un endroit différent sur la courbe. En tant qu'enseignant, je vois la condescendance se manifester sous deux formes principales : les attitudes trop encourageantes et le comportement d'enseignant.

Trop encourageant? Oh oui. Être encourageant est, en principe, une bonne chose, mais il y a une ligne fine entre le super-soutien et la super-condescendance. Tapoter figurativement la tête de votre partenaire chaque fois qu'il accomplit la moindre chose est presque aussi fatiguant que de critiquer chaque petite imperfection. Alors, félicitez-le lorsque vous avez une bonne danse ou que vous constatez une réelle amélioration, mais assurez-vous que le compliment est sincère et ne vient pas d'un sentiment de supériorité.

Je l'ai déjà dit et je le redis : Ne Pas, Corriger, Votre, Partenaire. Ce n'est pas parce que vous avez plus d'expérience que vous êtes un enseignant qualifié. Soyez donc le partenaire de danse compétent que vous savez être, mais laissez l'enseignement aux professeurs, laissez votre partenaire apprendre à son rythme et évitez la tentation de montrer constamment que vous en savez plus. Personne n'aime un je-sais-tout, les conseils non sollicités deviennent rapidement irritants et se mettre constamment au-dessus de votre humble partenaire ne fera probablement pas grand-chose pour le mettre à l'aise.

De plus, si vous êtes trop à l'aise dans votre position supérieure, faites attention : la supériorité relative de vos compétences en danse n'est probablement pas un état d'être permanent. Il y a de bonnes chances que dans un an ou deux, les compétences de votre partenaire aient rattrapé ou même dépassé les vôtres, surtout si lui ou elle continue à travailler dur pendant que vous restez dans votre zone de confort hautaine.

Vous dansez déjà le tango tous les deux lorsque vous entamez votre relation

Vous avez essentiellement un choix ici : accepter de rendre votre danse exclusive ou accepter de continuer à danser avec d'autres personnes. Le mot clé dans les deux cas est « accepter ». Quoi que vous décidiez, vous devez tous les deux être d'accord, vous y tenir et accorder à votre partenaire les mêmes libertés que vous vous accordez.

Personnellement, j'aurais du mal à passer de l'habitude de danser avec différents partenaires et amis à celle de tous les éviter pour danser chaque tango avec le même partenaire, même si ce partenaire était la personne que j'aime. Ce choix ne fonctionnerait pas pour moi.

Cependant, peu importe depuis combien de temps vous dansez et à quel point vous savez tous les deux que le tango se limite à la danse, il y aura des moments où vous sentirez que votre partenaire a eu une *tanda* de trop avec une personne en particulier ou avait l'air un peu trop heureux dans les bras d'un certain quelqu'un d'autre. Je le sais parce que je l'ai vécu aussi. Dans notre cas, le tango est notre travail à temps plein, nous n'avions donc pas d'autre choix que d'apprendre tôt à surmonter les insécurités émotionnelles qui se présentaient. Et nous comprenons pleinement et apprécions les avantages que le changement de partenaire apporte à notre danse.

Les meilleures suggestions que je puisse faire pour trouver une solution mutuellement acceptable sont de garder les voies de communication ouvertes et, si nécessaire, d'établir des règles de base. Par exemple, je connais des couples qui gardent toujours la première ou la dernière *tanda* l'un pour l'autre. Cela leur donne quelque chose de spécial qui n'appartient qu'à eux, mais leur permet de continuer à explorer le plaisir des autres partenaires, d'élargir leurs compétences et de ramener de nouvelles expériences qui finiront probablement par nourrir leur relation.

Vous dansez mais pas votre compagnon

Vous savez aussi bien que moi que le tango n'est pas simplement une autre activité sociale. Mais tout de même, ça l'est. Si vous allez danser et que votre partenaire ne pratique pas cette activité, celui-ci doit accepter que vous ayez un intérêt et un passe-temps important qui ne l'inclut pas.

Mais cela serait vrai pour toute activité qui vous passionne et à laquelle vous consacrez beaucoup de temps, que ce soit pour s'entraîner au gymnase, chanter dans une chorale ou jouer au golf. Même si vous ne jouez pas au golf joue contre joue et poitrine contre poitrine avec vos collègues golfeurs.

Pour un novice, cela peut sembler une rationalisation, mais ce n'est pas le cas. Lorsque vous dansez avec quelqu'un, vous ne dansez pas vraiment avec la personne, vous dansez avec le danseur. Vous pouvez vous connecter intensément, profondément, passionnément avec un étranger, car la plupart des caractéristiques de cette personne n'ont pas d'importance sur la piste de danse : quelle langue elle parle, ce qu'elle fait dans la vie, si elle a des enfants, ce qu'elle a de planifié pour demain. Ce qui compte, c'est la sensation de leur étreinte, leur lien avec la musique, leur capacité à exprimer, à écouter, à suivre. Ce qui compte en somme, c'est tout simplement ce qui se passe au moment présent.

Le tango est un moment partagé, ou plutôt 10 minutes partagées et rien d'autre n'existe pendant ce moment, que vous dansiez avec votre partenaire de vie ou avec un inconnu. Ensuite, la *tanda* est terminée et vous passez à la connexion suivante. Ces relations ne sont pas sexuelles, mais à leur meilleur, elles sont assez intimes et profondes. Vous vous connectez avec quelque chose qui va au-delà de l'homme ou de la femme dans vos bras. C'est pourquoi beaucoup d'entre nous peuvent tirer autant de plaisir de danser avec l'un ou l'autre sexe, quelle que soit notre orientation sexuelle.

Bien sûr qu'il est possible de confondre ces choses et de les poursuivre, ou de vouloir les poursuivre au-delà de la piste de danse. Mais en général, cela n'arrive pas. Et si vous avez quelqu'un qui vous attend à la maison, c'est à vous de ne pas le laisser se produire. Si votre relation est solide et que vous la valorisez, vous devriez être en mesure de vivre pleinement à la fois votre passion pour le tango et celle pour votre être cher qui ne danse pas.

Quelle que soit votre situation avec votre partenaire dans le tango, vous le dansez pour vous amuser et pour ajouter quelque chose de positif à votre vie. Pour continuer à faire ces deux choses, rappelez-vous ceci :

1. Recherchez des solutions, pas des blâmes.
2. Riez des erreurs.
3. Il s'agit de quelque chose qui se passe sur la piste de danse, pas au-delà.

En fin de compte, les enjeux relationnels peuvent être ce qui vous fera décider que le tango n'est pas pour vous. Vous pourriez même blâmer le tango pour les problèmes apparemment nouveaux qui ont surgi dans votre relation. Ou vous pourriez finir par utiliser le tango pour résoudre certains de vos problèmes et votre relation en deviendra plus forte.

Leçon 23

LE TANGO EST UN VOYAGE DE DÉCOUVERTE DE SOI

Tout comme nous en apprenons beaucoup sur les autres grâce à leur façon de danser, nous pouvons aussi en apprendre beaucoup sur nous-mêmes.

Étudier la danse, c'est autant développer une conscience de soi que des compétences spécifiques. Nous découvrons nos corps en travaillant avec eux et nous nous découvrons nous-mêmes.

La conscience corporelle est la capacité de comprendre comment nos corps bougent et où ils se trouvent dans l'espace. Des disciplines physiques telles que la danse requièrent et améliorent notre proprioception, qui est le sens qui nous permet de contrôler différentes parties de notre corps sans les regarder.

La conscience de soi, c'est avoir une perception claire de notre personnalité, y compris nos forces, nos faiblesses, nos pensées, nos croyances, nos motivations et nos émotions, puis d'en prendre le contrôle. Le tango peut également nous aider à développer cette compréhension.

Donc, afin de progresser en tango, nous devons connaître non seulement quelles sont nos forces, faiblesses et tendances physiques, mais aussi nos forces psycho-émotionnelles : suis-je réceptif? réactif? défensif? passif? impatient? Est-il facile pour moi de m'affirmer? De lâcher prise?

Voici quelques-unes des choses que j'ai apprises ou confirmées sur moi-même au fil des ans, avec un peu d'aide du tango :

J'aime l'intensité. Je suis convaincue que c'est l'une des principales qualités qui m'attire dans le tango. Pas vraiment une personne du genre tiède, j'aime la nourriture riche, le café fort, le vin corsé, les films d'horreur, la musique forte, les douches chaudes et les entraînements exigeants. J'aime aussi les relations humaines intenses : je ne suis pas passionnée par les petites conversations, j'aime les échanges profonds, ou une *tanda* profondément connectée. Les danseurs de tango sont un groupe très éclectique et je me suis souvent demandée si l'un des fils communs qui nous lient ensemble serait un désir de sensations ou de connexions intenses.

Le tango me permet de lâcher prise. C'est l'un des autres principaux intérêts de la danse pour moi. La paix de l'esprit ne me vient pas facilement. Je suis une personne occupée dont le cerveau occupé peut me tenir éveillée la nuit pendant des heures. Je m'inquiète et je stresse… jusqu'à ce que j'arrive sur la piste de danse où la musique, le mouvement et le contact humain se combinent pour me procurer une grande évasion. Sur la piste, dans les bras d'un danseur, au rythme d'une belle musique, tout disparaît sauf l'ici et maintenant. Non seulement est-ce totalement agréable, mais c'est aussi, je crois, extrêmement thérapeutique.

Je vais avec le courant. J'ai toujours aimé les surprises et je suis tout à fait capable de prendre la situation qui m'est proposée et de m'y adapter. Je roule avec les coups, pour ainsi dire. Cela fait de moi une guidée naturelle, car je ne pense pas trop à ce qui se passe et je suis assez douée pour accepter ce qui vient, aussi inattendu que ce soit. Je pense que tout cela fait de moi un leader patient aussi, car je ne suis pas trop attachée au passé ou au plan préétabli.

Je peux être un guideur patient, mais il m'a fallu du temps pour prendre confiance. Comme je l'ai mentionné dans la leçon sur l'affirmation de soi, il est important d'avoir des intentions claires, dans la vie et dans le tango. Sachez ce que vous voulez, dites ce que vous voulez, poursuivez ce que vous voulez. Aucune de ces compétences ne me vient naturellement, mais le tango et l'enseignement m'ont aidé à les développer. De plus, je suis allée chercher ce que je voulais quand mon partenaire et moi avons ouvert notre école, MonTango, il y a 13 ans, et elle est depuis devenue l'un des principaux lieux de tango de notre ville. Cela m'a appris que les rêves valent la peine d'être poursuivis.

Je ne m'intègre pas toujours. Je pense que l'une des raisons pour lesquelles j'aime être l'hôte, le professeur, le DJ est que, si je ne suis qu'une participante, je me sens parfois un peu inadaptée. Et j'ai toujours ressenti cela : tout au long de mon parcours scolaire et dans ma carrière précédente, je n'ai jamais fait partie du groupe « in » ou de la clique cool. Je n'ai jamais su faire semblant d'être comme tout le monde, d'agir d'une certaine manière ou de dire les « bonnes » choses pour faire partie du « bon » groupe.

Ne vous méprenez pas : j'avais des amis, un petit groupe d'amis très proches et je m'entendais toujours avec la plupart des gens; bien qu'étant un peu à part, je n'ai jamais été une paria.

Parfois, je me demande si ce n'est pas un autre fil conducteur du tango. Dans ce monde, il y a tant de personnages étranges (et merveilleux) qu'il ressemble parfois à une réunion d'inadaptés. Mais là encore, il y a des cliques dans le tango. Je n'en fais tout simplement pas partie et ils ne prospèrent pas dans mes *milongas*. Je pense que ce que j'ai compris, c'est que dans le tango comme dans la vie, je préfère toujours l'inclusion à l'exclusion.

Mes limites existent pour être repoussées. Parfois, je pense que j'aimerais vivre une vie plus simple et plus calme. Mais chaque fois que je cherche quelque chose de simple, je finis par aller plus loin que prévu. Cela est évident dans mon parcours dans le tango : non contente de danser, j'ai commencé à enseigner; non contente d'enseigner, j'ai ouvert ma propre école; non contente d'enseigner et de diriger une école, je joue et produis aussi des spectacles, je suis DJ, j'écris… Et bien sûr, j'ai poursuivi ma propre formation en danse, en mouvement et en enseignement, en prenant des leçons privées aussi souvent que possible, en apprenant à guider et en obtenant une certification d'instructeur de fitness et maintenant d'instructeur de yoga. Je ne sais pas quelle sera ma prochaine grande étape, mais je sais qu'une fois que je serai à l'aise où je suis, je n'y resterai pas longtemps.

Je ne croirai jamais que je suis suffisante. Je pense que le désir continu d'apprendre, d'avancer et de grandir est une bonne chose, mais dans mon cas, c'est aussi un signe que dans tout ce que je fais je n'ai jamais l'impression d'en faire assez ou que je suis assez bonne. Par exemple, je ne serai jamais la danseuse que je veux être. C'est à la fois une bonne et une mauvaise chose. Cela signifie que je suis parfois très abattue, surtout après avoir regardé ma performance. Mais cela signifie aussi que je me donne plus de défis à chaque fois et donc, je peux l'admettre, je m'améliore.

J'adore enseigner. Je n'ai peut-être pas l'impression de devenir la danseuse que je m'efforce d'être, mais je sais que je suis une bonne professeure et c'est parce que je suis autant passionnée par l'enseignement que par la danse. Je pense que je suis une professeure deux fois meilleure (ou plus) que je ne l'étais quand j'ai commencé et j'ai l'intention de maintenir ma croissance. Toutes les leçons que j'ai partagées ici, et plus encore, m'ont appris à mieux enseigner aux autres.

Alors, qu'avez-vous appris à travers le tango? Cela vous a-t-il aidé à grandir et à évoluer comme personne et comme danseur? Cela vous a-t-il ouvert les yeux sur quelque chose que vous ne saviez pas déjà sur vous-même?

Leçon 24

MÉDITANGO :
UNE PRATIQUE BÉNÉFIQUE

Beaucoup de gens disent et moi-même je l'ai déjà dit, que le tango est une forme de méditation. Mais est-ce vraiment le cas ? J'en sais davantage sur la méditation qu'autrefois et je ne suis pas certaine que cette danse puisse être considérée comme une véritable méditation, mais je crois qu'elle partage beaucoup de ses qualités et avantages.

La méditation réduit le stress et l'anxiété. Ceci a été prouvé à plusieurs reprises, étude après étude. L'activité physique, la danse en particulier et le tango encore plus spécifiquement sont également des réducteurs de stress et d'anxiété bien documentés. J'ai même déjà donné une présentation sur la réduction du stress à un groupe d'éducateurs sur le tango.

La méditation améliore la concentration. La pratique de la méditation de pleine conscience commence par des exercices de concentration qui peuvent éventuellement conduire à un état méditatif. Dans la pratique du yoga, il y a huit membres ou étapes. Les poses physiques (asanas) sont au troisième rang, tandis que la concentration (sixième) vient avant la méditation (septième). Le tango est aussi un exercice de concentration. Nous avons de nombreux outils, musique, mouvements et partenaires, à notre disposition pour nous aider. De nombreuses techniques de méditation utilisent également des outils : une voix pour nous guider, un son (comme un chant) ou notre propre souffle pour nous aider à nous concentrer.

La méditation augmente le bonheur et améliore ultimement l'image de soi et la vision de la vie des pratiquants. Si vous dansez le tango, je n'ai pas besoin de vous dire que cela peut aussi apporter de la joie à votre vie. La socialisation, le plaisir de la musique et le sentiment d'accomplissement à mesure que nous améliorons nos compétences sont tous des stimulants éprouvés pour rehausser notre humeur.

La méditation et le tango renforcent la conscience de soi. En apprenant le tango, nous développons une conscience de notre corps qui à son tour développe notre conscience de soi globale.

Il a été démontré que ces deux disciplines ralentissent le processus de vieillissement. La méditation peut réduire la perte de mémoire liée à l'âge, tandis que le tango est de plus en plus utilisé comme thérapie pour les personnes atteintes de la maladie de Parkinson et la maladie d'Alzheimer. La danse en couple améliore la capacité d'effectuer plusieurs tâches à la fois comme naviguer dans l'espace tout en restant synchronisé avec notre partenaire. Des recherches ont montré que le tango argentin offre des avantages particuliers pour le cerveau, probablement en raison de sa nature improvisée.

Sur le plan psycho-émotionnel, la méditation et le tango ont beaucoup en commun. Être un bon danseur de tango et un partenaire attentif implique un certain abandon de l'ego, ce qui est un concept important en méditation. Les danseurs de tango doivent également être capables de lâcher prise, ce qui est un autre concept présent dans le processus de méditation (et un autre sujet que j'ai abordé dans ce livre). Et avez vous déjà suivi un cours de tango dans lequel les professeurs n'ont pas mentionné la nécessité d'être présent? Dans le moment donné, dans votre corps, pour votre partenaire. La méditation est aussi un exercice de présence.

De façon anecdotique, les gens qui comparent le tango à la méditation disent tous la même chose : cela nous permet de laisser aller nos pensées, nos soucis et notre stress et de vivre complètement dans l'instant. C'est l'une des choses qui m'a attiré vers la danse et le tango argentin. J'ai un cerveau trop occupé, le genre qui m'amène à me réveiller à 3 heures du matin ou à me distraire de la tâche à accomplir. Le tango est l'une des seules activités qui va à coup sûr calmer mon esprit et me rendre pleinement, vraiment présente. La méditation m'attire pour les mêmes raisons, même si le travail est plus difficile pour moi sans l'aide de la musique, du mouvement et du contact humain.

Je ne peux pas écrire sur la méditation et le tango sans inclure le yoga. Le yoga n'est pas synonyme de méditation : vous pouvez faire la partie physique du yoga sans pratiquer la méditation comme vous pouvez pratiquer la méditation sans yoga. Mais d'après mon expérience à titre de praticienne et professeure de yoga, les deux sont inséparables. Le vrai yoga est bien plus que des chien-tête-en-bas et des salutations au soleil, et la méditation en fait partie intégrante.

Si l'on ajoute les bienfaits des postures de yoga à ceux du processus méditatif, les similitudes avec le tango ne font que se multiplier. Le yoga et le tango améliorent notre posture, notre alignement, notre force, notre mobilité, notre équilibre et notre santé cardiovasculaire. Dans les étapes du yoga, les poses physiques précèdent la méditation, car si nous ne sommes pas capables d'être bien alignés et bien positionnés, nous serons mal à l'aise et aurons des difficultés à méditer. Dans le tango, si nous ne sommes pas bien alignés et bien positionnés, nous aurons du mal à danser car nous et nos partenaires serons inconfortables.

Mon partenaire m'a dit un jour « ce qu'est le yoga pour le conditionnement physique, le tango l'est pour la danse », ce qui signifie que le yoga et le tango nécessitent tous deux une conscience du corps et de soi qui n'est pas aussi présente, ou du moins pas aussi souvent enseignée dans de nombreuses autres formes d'exercice ou de danse sociale.

Même les conseils que j'ai lus sur l'apprentissage de la méditation ressemblent à ceux que je donne à mes élèves :

- Une pratique fréquente est plus importante qu'une

longue pratique. Mieux vaut quelques courtes sessions par semaine qu'une seule longue.
- Si votre esprit vagabonde, c'est correct et peut être même une bonne chose. En méditation, nous voulons remarquer ce qui se passe dans notre esprit et rediriger nos pensées vers notre pratique. Si votre esprit erre, cela ne signifie pas que vous ne méditez pas. Et si votre esprit erre pendant que vous dansez, cela signifie que vous ne réfléchissez pas trop et que vous dansez ce que vous ressentez, en utilisant votre instinct plutôt que votre conscience.
- Évitez de rechercher la perfection. Même les pratiquants de longue date trouvent la méditation difficile. Et même les maestros professionnels trouvent le tango difficile. Les deux sont des pratiques qui améliorent la vie tout au long de la vie et qui visent à récolter les fruits du voyage plutôt que de mettre l'accent sur l'atteinte d'une destination finale.

Mais par ailleurs, en quoi le tango ne ressemble-t-il pas à la méditation ?

Bien sûr, le tango est une activité sociale, ce qui est probablement la plus grande distinction avec la méditation qui est une activité assez solitaire. Cependant, la méditation est centrée sur la connexion avec soi-même et, tel que mentionné ci-dessus, nous devons également nous connecter à nous-mêmes si nous voulons améliorer notre danse.

Dans le tango, vous utilisez des outils (musique et mouvement) pour vous aider à canaliser votre concentration et faire abstraction de votre esprit occupé et du monde extérieur. Mes professeurs de yoga pourraient soutenir que ce n'est pas une vraie méditation, car la musique et les mouvements sont des distractions qui nous éloignent du processus d'introspection. Cependant, le tango est certainement un exercice de concentration et, encore une fois, la concentration est une étape sur le chemin de la méditation.

Il y a quelques années, j'ai participé à une retraite de méditation. En plus des nombreuses heures de méditation silencieuse et assise, nous avons pratiqué ce qu'on appelle la marche méditative, où nous nous promenions à travers les bois en silence, essayant d'être présents et pleinement concentrés sur nos mouvements, notre environnement et nos sensations. Cela ressemble beaucoup au tango, n'est-ce pas? Moins la musique et le partenaire, bien sûr.

Donc je suppose que le tango, bien qu'il ne s'agisse pas de médita*tion*, pourrait au moins être considéré comme médita*tif*. Dans tous les cas, cela nous offre plusieurs des mêmes bienfaits.

Leçon 25

VIVRE SA PASSION EST EFFRAYANT, MAIS ÇA VAUT LE COUP

Quand j'étais petite, je voulais être actrice, danseuse et écrivaine. Le chemin de ma vie n'a pas été en ligne droite et ce que je pensais de la signification de ces projets était assez différent de ce qu'ils se sont avérés être. Mais un demi-siècle plus tard, je me rends compte que le travail que j'accomplis aujourd'hui inclut toutes ces choses et plus encore.

Dans mon école de tango, je porte les chapeaux de professeure de danse, de propriétaire de studio, d'organisatrice de *milonga*, de danseuse et de productrice de spectacles, de DJ et maintenant, d'écrivaine. Tout cela signifie que je travaille assez intensément la plupart du temps, mais comme j'aime ce que je fais, souvent cela ne me semble pas vraiment être du travail.

Travailler dans le domaine du tango n'est pas toujours facile, mais je me considère chanceuse de faire ce que j'ai entrepris car mes journées sont remplies d'activités telles :

Danser. Comme je l'ai dit, j'ai toujours voulu être danseuse. J'ai suivi mon premier cours de ballet à l'âge de 4 ans, et même si j'ai abandonné le rêve de devenir ballerine puis délaissé complètement le ballet à la fin de l'adolescence, je n'ai pas arrêté de danser depuis. Le fait que je puisse danser tous les jours me garde heureuse et en bonne santé, corps et âme.

Enseigner. J'ai grandi avec une peur intense de parler en public et, dans ma jeunesse, je n'ai jamais, jamais imaginé que je deviendrais enseignante. J'ai commencé à enseigner grâce à ma précédente carrière en journalisme. J'étais la principale formatrice de la salle de rédaction sur les nouvelles technologies au journal où je travaillais, et pendant des années, j'ai donné un cours universitaire sur la mise en page de journaux. Au début, tout cela était terrifiant pour moi, mais j'ai appris à aimer enseigner et les gens n'arrêtaient pas de me dire que j'étais bonne dans ce domaine. L'enseignement est à la fois stimulant et gratifiant et je peux vraiment dire que cela me passionne. Une fois que j'ai commencé à enseigner le tango, eh bien, je savais vraiment que j'avais trouvé ma voie.

Être en relation avec des gens. Au-delà de la danse elle-même, c'est ce qu'est le tango. J'aime les gens, toutes sortes de gens et le tango foisonne de relations humaines variées, souvent intenses, fascinantes et satisfaisantes.

Construire une communauté. Mon partenaire et moi n'avons pas forcément planifié cet aspect lorsque nous avons lancé notre petite école de tango, mais nous avons réalisé assez tôt que nous n'enseignions pas seulement aux gens à danser, nous construisions une communauté et nous facilitions donc la création de toutes sortes de relations. J'adore voir des amitiés et des partenariats se former autour de moi et en partie, grâce à moi.

Organiser des fêtes. Pendant mon adolescence et ma vingtaine, j'adorais organiser des fêtes. C'était assez simple pour moi : fournir une table pleine de nourriture, beaucoup de musique de danse bruyante et inviter tout le monde à qui je pouvais penser. J'ai adoré planifier la nourriture, préparer la musique et la liste des invités. Donc je suppose qu'il est parfaitement logique que j'aime animer et être DJ de *milongas* chaque fin de semaine.

Produire des spectacles et exécuter des numéros. Si j'avais commencé le tango et m'y étais plongée à temps plein à un plus jeune âge, j'en aurais probablement fait davantage sur ce plan. Malgré ma timidité, j'adore faire des prestations et l'expérience de produire des spectacles, avec la créativité et l'excitation des coulisses, est absolument exaltante.

Être DJ. C'est un autre bonus inattendu de mon travail. Du mixage de cassettes aux CD en passant par les listes de lecture iTunes, j'ai toujours aimé assembler de la musique, que ce soit pour les sessions d'entraînement, écouter dans la voiture et surtout, faire danser les gens lors d'une fête. Maintenant, je passe des heures à chercher de la musique de tango, traditionnelle ou alternative, et à assembler des *tandas*.

Travailler pour moi-même. Encore une fois, pas toujours facile, mais tellement satisfaisant. Il serait difficile pour moi de retourner travailler pour quelqu'un d'autre à cette étape de ma vie. Ce n'est pas que j'aime tellement être le patron, je ne pense pas du tout que je suis très boss, mais j'aime bien être mon propre patron.

Travailler sur moi-même. J'ai toujours été active. Le tango m'aide à rester en forme et mobile, consciente de ma posture et de l'effet que tout ce que je fais apporte à mes partenaires. Mais il faut plus que du tango pour se maintenir en forme pour la danse et pour la vie. En plus de ma vie en danse, je cours régulièrement depuis 25 ans. J'essaie toujours d'abandonner parce qu'avec tout le tango que je fais, c'est trop dur pour mes pieds meurtris. Mais c'est difficile d'y renoncer, car je ne me sens tout simplement pas la même quand je n'ai pas fait cet intense effort cardio.

L'une des répercussions les plus marquantes de ma carrière de tango a été la découverte du yoga. Je m'y suis mise il y a quelques années pour essayer d'augmenter ma flexibilité. J'ai rapidement gagné non seulement de la flexibilité, mais aussi une amélioration de ma force et de mon équilibre, une toute nouvelle compréhension de la posture, de l'alignement et de mon propre corps, ainsi qu'une nouvelle compréhension de moi-même. Depuis, je me suis plongé de plus en plus dans le yoga, explorant les aspects qui vont au-delà des poses physiques et obtenant plus tôt cette année mon certificat d'enseignement.

Écrire. Comme je l'ai dit, j'ai toujours voulu être écrivaine. L'anglais a été ma matière la plus forte et ma préférée au secondaire. Mes études postsecondaires étaient toutes liées aux langues et à la littérature. J'ai étudié la traduction pendant un certain temps et travaillé comme réviseure quelques années. Pendant ce temps, j'ai fait des travaux d'écriture, mais rien de fréquent. Il y a quelques années, j'ai réalisé qu'avec toutes mes observations sur le tango et toute la réflexion analytique que j'en faisais, je devrais probablement commencer à coucher cela par écrit. J'ai donc franchi le pas et rédigé mon premier article de blogue et maintenant j'ai même des fans! Cette année, j'ai finalement décidé de compiler certains de mes articles dans ce livre et je travaille également sur le troisième brouillon de mon premier roman! (non, il ne s'agit pas de tango).

Être propriétaire d'une petite entreprise n'est pas toujours facile. Et parce que les affaires du tango me tiennent à cœur, cela peut être difficile aussi bien émotionnellement que financièrement. Mais les récompenses de faire ce que j'aime compensent le fait que je travaille de longues heures et que je ne gagne pas beaucoup d'argent.

Quand j'envisageais de quitter ma carrière pour démarrer une école de tango, ma mère et ma conseillère financière m'ont dit de ne pas le faire. J'avais de jeunes enfants, des avantages sociaux, un régime de retraite et des dettes. Ouvrir une petite école de danse alors que je j'approchais 40 ans ne semblait pas un choix judicieux. Mais je l'ai fait. Je ne pouvais ignorer les larmes que j'avais versées et le douloureux vide que j'avais ressenti dans mon estomac à l'idée de ne pas saisir ce qui était probablement la dernière occasion de poursuivre les rêves de toute ma vie. J'avais le soutien total de mon partenaire et des réserves d'argent pour tenter de réussir pendant une année, alors nous nous sommes tenu la main et nous avons sauté, emmenant notre jeune famille avec nous.

Cette année, notre école de tango fête ses 13 ans. Aussi difficile et exigeant que cela ait été par moment (même avant la COVID), je n'ai jamais regretté d'avoir fait le saut, mais je sais avec une certitude absolue que si je ne l'avais pas fait, je le regretterais chaque jour.

Quand je prépare des *tandas* pour une *milonga* à venir, que je ris avec les étudiants lorsque je les aide à exécuter un mouvement difficile ou que je me mêle aux danseurs d'une *milonga* que j'anime, je n'en reviens toujours pas de la chance que j'ai de faire ce que je fais.

La leçon avec laquelle je vous laisse est la suivante : si vous avez une passion, suivez-la. Et ne laissez pas la peur vous retenir.

Leçon supplémentaire
TERMINOLOGIE DU TANGO

Ceci n'est pas un lexique complet du vocabulaire du tango. Il contient la plupart des termes de tango utilisés dans ce livre ainsi que quelques autres couramment utilisés que vous pourriez entendre dans le contexte d'une leçon ou d'une milonga.

Abrazo. Câlin. L'enlacement ou l'étreinte du tango ou la position des bras dans la danse. Les danseurs peuvent utiliser un *abrazo abierto,* ou enlacement ouvert, en maintenant une certaine distance entre les hauts du corps, ou bien un *abrazo cerrado,* ou enlacement rapproché, avec contact entre les partenaires au niveau du torse. La danse rapprochée est plus difficile à maîtriser pour la plupart, mais elle a également tendance à être le choix préféré des *milongueros* et *milongueras* de haut niveau. Voir aussi Milonguero.

Adelante. Vers l'avant.

Adorno. Ornement, embellissement ou décoration. Parfois appelé dentelle en français. Les *adornos* sont des jeux de pieds ajoutés par l'un ou l'autre des partenaires pendant les *paradas* et les pauses ou entre les actions.

Apertura. Ouverture. Utilisé pour décrire une salida de côté, spécifiquement avec la jambe gauche du guideur. Voir Salida.

Arrastre. Traîne. Voir Barrida.

Atrás. En arrière.

Balanceo. Balancement. Des transferts de poids partiels ou mini-rebonds, utiles pour éviter les collisions, jouer avec le rythme et faire des changements de direction dans les petits espaces. Peut aussi faire référence à un léger déplacement de poids d'un pied à l'autre sur place et en rythme avec la musique au début d'une danse. Aussi appelé *cadencia*.

Baldosa. Tuile. Voir Cuadrado.

Barrida. Balayage. Le pied d'un partenaire entre en contact avec le pied de l'autre puis le déplace vers une nouvelle position sur le sol sans perdre le contact. Aussi appelé *arrastre*.

Boleo. Parfois écrit voleo. Un mouvement où la jambe libre fait une projection ou un coup de pied vers l'arrière, vers l'avant ou enveloppant, normalement en réponse à un changement d'énergie ou de direction, le plus souvent un changement de pivot. Le mot vient probablement de boleadoras, une arme pour lancer des poids reliés par des cordes, autrefois utilisée par les gauchos pour capturer des animaux en emmêlant leurs jambes et maintenant utilisée comme instrument de percussion dans une danse folklorique argentine. Certains soutiennent que voleo est l'orthographe correcte, dérivant du mot volear, l'acte de lancer une volée en sport. Notez qu'il n'est jamais épelé (ou prononcé) « bolero », qui peut se référer soit à un genre entièrement différent de musique et de danse latine, soit à une veste courte inspirée de celle portées par les toreros espagnols.

Cabeceo. Hochement de la tête. Du mot *cabeza*, qui signifie tête. Il fait référence à la technique traditionnelle et non verbale du regard *(mirada)* et du mouvement de tête *(cabeceo)* pour inviter les partenaires de danse à distance dans les *milongas*. Voir également Mirada.

Cadencia. Voir Balanceo.

Calesita. Carrousel. Une figure dans laquelle le leader contourne sa partenaire tout en la faisant pivoter sur sa jambe d'appui.

Caminata. Marche. Généralement considérée comme le véritable pas de base du tango argentin. Les grands danseurs de tango sont appréciés avant tout pour la qualité de leur marche. La marche de tango doit avoir une qualité féline, à la fois puissante et douce, mettant l'accent sur l'ancrage et la propulsion de la jambe d'appui ainsi que sur l'extension de la jambe libre.

Candombe. Un type de danse à l'origine dansée par les descendants d'esclaves noirs dans la région du Río de la Plata et toujours visible à Montevideo, en Uruguay. La musique d'origine africaine a un rythme marqué joué sur une sorte de tambour appelé « tamboril ». Il survit aujourd'hui comme fond rythmique de certaines *milongas*.

Canyengue. Un style de tango très ancien du tout début du 20e siècle. La musique de cette période avait un tempo 2/4 plus rapide ou dynamique, de sorte que la danse avait une saveur rythmique similaire à celle de la *milonga* moderne. Un *abrazo* très rapproché était utilisé ainsi que des éléments uniques de posture, d'étreinte et de jeu de pieds.

Colgada. Littéralement, cela signifie suspendu. Dans le tango, c'est un type de mouvement hors axe en position en « V », où les pieds du couple restent proches et les hauts du corps s'éloignent. L'équilibre des deux danseurs repose sur une force de contrepoids qu'ils exercent ensemble dans une direction opposée.

Compás. Battement, ou pulsation, comme celui de la musique ou celle de votre cœur.

Cortina. Rideau. En tango, cela décrit le clip de musique de 30 à 60 secondes qui sert d'intermède entre les *tandas* (les « sets » de musique). En principe, une *cortina* ne doit pas être dansée. On choisit donc un style de musique en dehors de l'univers musical du tango.

Cruce. Désigne la position croisée de base utilisée le plus souvent par la guidée, dans laquelle la jambe gauche croise devant la droite. À ne pas confondre avec le système croisé.

Cuadrado. Carré ou boîte. Parfois appelé *baldosa*, ou tuile. Une séquence de base en six temps composée de pas en avant, en arrière et de côté.

Disociación. Dissociation. Dans le tango, ce terme fait référence à la situation très courante où le bas du corps et le haut du corps ne font pas face à la même direction. Ce qui permet une liberté de mouvement avec les jambes tout en restant connecté avec le haut du corps. La dissociation peut être obtenue en gardant la position de la poitrine fixe (généralement face au partenaire) et en tournant les hanches, ou en gardant les hanches fixes et en tournant le torse (généralement vers le partenaire).

Enganche. Toute action d'accrochage de jambes. Semblable et souvent interchangeable avec *gancho*.

Enrosque. Vis. Un *adorno* dans lequel on pivote sur place en gardant les pieds croisés. Souvent fait par des guideurs de haut niveau pendant un *giro*.

Gancho. Crochet. Un mouvement dans lequel vous accrochez ou attrapez la jambe de votre partenaire avec la vôtre. Notez qu'il s'agit d'un « gancho » et non d'un « gaucho ». Un *gaucho* est un cowboy argentin.

Giro. Tour. Un partenaire, généralement le leader, tourne plus ou moins sur place pendant que la guidée fait une séquence appellée *molinete* autour de lui (ou d'elle). Voir aussi Molinete.

Guidée. Le partenaire dansant ce qui était traditionnellement le rôle de la femme. Aujourd'hui, nous trouvons des couples non traditionnels sur la plupart des pistes de danse, donc dans l'intérêt de l'inclusivité, ainsi que pour simplement refléter les réalités modernes, il y a eu un mouvement général pour cesser d'utiliser les termes « homme » et « femme » dans le contexte des rôles de danse de tango et d'utiliser des mots plus neutres comme « guideur » (ou « leader ») et « guidée ». Le problème est que ces mots limités sont des descriptions assez erronées de ce que sont les deux rôles. D'une part, les mots français ont un genre masculin et féminin alors qu'en anglais leader et follower n'en ont pas. D'autre part, ils donnent l'impression que la personne qui guide est le partenaire dominant et que celle qui suit est passive ou soumise. Les termes ne décrivent vraiment pas ce qui se passe réellement entre les deux partenaires. Le processus beaucoup plus complexe ressemble à ceci : le « leader » invite la « guidée » à exécuter un mouvement; la « guidée » exécute le mouvement qu'il ou elle a ressenti et le « leader » suit son partenaire à travers l'achèvement de ce mouvement, que ce soit ou non le mouvement qu'il ou elle a voulu, et tout le processus recommence. En plus, une guidée d'expérience peut influencer les choix de son guideur en ajoutant des adornos ou des interprétations musicales. Certains vont même jusqu'à dire que la « guidée » est en fait le vrai leader, car, quelle que soit l'intention initiale du leader, il (ou elle) doit donner suite à l'interprétation et à l'exécution de sa proposition par son partenaire. Voir aussi Guideur.

Guideur ou **Leader**. Le partenaire dansant ce qui était traditionnellement le rôle dévolu à l'homme. Il y a eu un mouvement général pour cesser d'utiliser les termes « homme » et « femme » dans le contexte des rôles de danse de tango et d'utiliser des mots plus neutres comme « guideur » (ou « leader ») et « guidée ». Le problème, c'est que ces termes donnent l'impression qu'un rôle est plus dominant que l'autre et ils ne décrivent vraiment pas ce qui se passe réellement entre les deux partenaires, qui est beaucoup plus complexe et nuancé. C'est intéressant de noter que les termes « guideur » et « guidée » ne sont pas vraiment utilisés en espagnol. Lorsqu'on fait référence aux partenaires, souvent les professeurs hispanophones continuent à dire simplement « hombre » (homme) et « mujer » (femme), qui ne sont pas neutres sur le plan du genre, mais ont l'avantage de ne pas limiter les partenaires à un rôle actif et un rôle passif. Lorsqu'ils se réfèrent à l'action du leader, ils disent « marcar », ce qui signifie marquer ou indiquer, pas diriger. La femme ou guidée « acompaña » (accompagne) ou « se deja llevar » (se laisse guider), ce qui a une connotation moins passive et implique que c'est son choix. N'oublions pas qu'au début du 20e siècle, quand il y avait beaucoup plus d'hommes que de femmes en Argentine, les hommes apprenaient le tango ensemble, pratiquant et maîtrisant les deux rôles avant d'avoir le privilège de danser avec une femme. Voir aussi Guidée.

Lápiz. Crayon. Des embellissements circulaires « dessinés » au plancher par un ou l'autre des partenaires.

Marca. Marque. Le guidage.

Milonga. Ce mot a un triple sens, donc il peut être mêlant pour les novices.
1. Un des trois genres musicaux qui composent le tango argentin : tango, *milonga* et *vals* (valse). La *milonga* est jouée sur une mesure à 2/4. (Le tango peut être en 2/4 ou 4/4 et la valse est en 3/4.) La *milonga* est très rythmée, avec des temps fortement accentués, contient souvent un rythme "habanera" sous-jacent et est généralement plus rapide et plus joyeuse que la musique de tango. Elle a son propre style de danse pour l'accompagner, dans lequel les danseurs évitent de faire de longues pauses, restent la plupart du temps dans le système parallèle et utilisent souvent des pas à double temps, appelés *traspié* en *milonga*. La danse *milonga* utilise les mêmes éléments de base que le tango, avec un fort accent sur le rythme, et des figures qui ont tendance à être moins complexes que beaucoup de celles utilisées dans le tango.
2. Le nom donné à tout lieu dédié au tango argentin, normalement une école de danse où l'on tient également des

activités dansantes comme des *prácticas* et des *milongas*.
3. Le nom donné à un événement de danse sociale de tango argentin.

Alors vous vous habillez pour aller danser dans une *milonga*, où vous entendrez et danserez sur la *milonga*.

Milonguero/Milonguera. Un danseur ou une danseuse qui fréquente les *milongas* (contrairement à un danseur de scène, par exemple). Généralement, on réserve la définition de *milonguero/a* pour les danseurs d'un certain niveau. *Milonguero* peut aussi faire référence à un vieux style de tango dans lequel le couple maintenait un *abrazo* tellement rapproché que la guidée ne pouvait pas vraiment tourner ses hanches, ce qui a donné naissance à des figures où des *ochos* pivotés sont remplacés par des pas croisés, comme le *ocho cortado* et le *ocho milonguero*.

Mirada. Regard. Jumelée au *cabeceo*, la *mirada* complète le système traditionnel et non verbal pour la sélection des partenaires de danse dans la *milonga*. Voir aussi Cabeceo.

Molinete. Littéralement, cela signifie moulin, mais en danse, cela fait référence à la séquence qu'on appelle « grapevine » en anglais. Composé de la série de pas avant-côté-arrière-côté (ou parfois avant-ensemble-arrière-ensemble), il est le plus souvent dansé en cercle par la guidée autour du leader pour faire un *giro*. Voir aussi Giro.

Ocho. Huit. Une combinaison de pivots avec des pas en avant ou en arrière qui, lorsqu'ils sont effectués par paires, dessinent la forme d'un huit au sol. Il y a plusieurs sortes de *ochos* :
    Ocho adelante. Huit en avant.

Ocho atrás. Huit en arrière.

Ocho cortado. Huit coupé. Le pivot en avant est interrompu pour produire un balancement de côté abrupt suivi d'un retour direct à la position croisée.

Parada. Arrêt. Le leader arrête l'action de la guidée plaçant simultanément son pied contre le sien. Souvent utilisé en combinaison avec le *sandwich*. Voir aussi Sandwich.

Pas de base. Voir Paso básico.

Paso básico. Pas de base. Alors que le véritable pas de base du tango argentin est généralement considéré comme la marche, cette structure en huit temps est utilisée comme séquence d'enseignement de base depuis des décennies. C'est une petite séquence remarquablement controversée. Encore utilisée par de nombreux instructeurs, elle est boudée par d'autres. Les partisans croient que c'est une séquence pédagogique utile qui contient des éléments essentiels, y compris les pas en avant, en arrière et de côté ainsi que la position croisée ; les détracteurs disent qu'il est inutile d'enseigner un « pas de base » que les danseurs n'utiliseront pas comme tel dans la danse sociale réelle ou sur lequel ils deviendront dépendants, pouvant les empêcher d'apprendre à improviser comme il faut.

Planeo. Littéralement, cela signifie planer. Semblable à une *calesita*, le *planeo* amène un partenaire à marcher autour de l'autre, le faisant pivoter sur la sa jambe d'appui, mais à la différence de la *calesita*, la jambe libre est allongée de sorte qu'elle « dessine » un arc sur le sol.

Práctica. Pratique. Un événement de danse de tango moins formel qu'une *milonga*. Les codes de conduite et le suivi de la *ronda* sont généralement moins strictement appliqués pendant les *prácticas*, de sorte que les danseurs peuvent travailler sur leurs mouvements et leur technique, et parler en dansant est toléré. Il est généralement suggéré que les étudiants de tango fréquentent les *prácticas* pendant un certain temps avant de passer aux *milongas*. Lors d'une pratique, des enseignants peuvent ou non être présents et peuvent ou non diriger la pratique en suggérant ou en enseignant des exercices ou des figures.

Rebote. Rebond. Une action de *balanceo* où les danseurs reviennent en arrière, poussant contre le sol pour retourner à la position précédente.

Ronda. Littéralement, cela signifie une ronde. Dans le tango, c'est ce que nous appelons habituellement la « ligne de danse » en français. La *ronda* du tango circule toujours dans le sens antihoraire autour de la piste de danse. On s'attend à ce que les couples suivent le flux général des danseurs devant eux, résistant à l'envie de couper devant les danseurs plus lents ou de rester à un endroit bloquant la circulation pendant que les autres continuent d'avancer. Sur les plus grandes pistes de danse, il peut y avoir plusieurs *rondas* à la fois, une sur le bord extérieur de la piste, généralement réservée aux danseurs plus expérimentés et disciplinés, et jusqu'à trois autres ronds plus petits à l'intérieur, comme des voies sur une piste de course. C'est mal vu de zigzaguer au hasard d'une voie à l'autre; les changements doivent être effectués modérément et avec prudence. Pour en savoir plus, lisez la leçon 18 sur les codes de conduite de la *milonga*.

Sacada. Du verbe « sacar » qui veut dire enlever. Dans le tango, il s'agit d'un danseur qui entre directement dans l'espace de son partenaire, l'obligeant apparemment à changer de place et provoquant parfois un embellissement de la part de l'autre personne en cas de contact avec la jambe libre.

Salida. Littéralement, cela veut dire sortie, mais fait référence au pas d'ouverture d'une danse ou d'une séquence.

Sandwich. Aussi appelé *sanguche, sanguchito* ou *mordida* (morsure). Pendant une *parada,* un partenaire prend le pied de l'autre entre les siens. Voir Parada.

Sistema cruzado. Système croisé. Fait référence à la relation de marche entre les deux partenaires. Dans le système croisé, les deux partenaires marchent en fait avec la même jambe, gauche et gauche ou droite et droite. Au moins 50 % des figures utilisent le système croisé. Les *ochos,* par exemple, se déroulent le plus souvent en système croisé. Voir aussi Sistema paralelo.

Sistema paralelo. Système parallèle. Lorsque le leader marche en ligne avec sa partenaire, nous l'appelons « système parallèle », essentiellement le système de marche normal avec des partenaires marchant en même temps, mais sur des jambes opposées : la gauche du leader et la droite de la guidée ou vice versa. En système parallèle, chaque partenaire est l'image dans le miroir de l'autre. Voir aussi Sistema cruzado.

Tanda. Une série de chansons pour danser. Généralement, les *tandas* durent trois ou quatre chansons (elles étaient parfois aussi longues que cinq, mais c'est rare de nos jours). Les chansons sont toutes d'un genre particulier (tango, *milonga* ou *vals*) et sont le plus souvent toutes du même orchestre de la même décennie (parfois la même année) et peut-être avec le même chanteur. Les *tandas* peuvent également être composées de chansons jouées par différents orchestres avec un son et une sensation similaires. Dans une *milonga,* le format est généralement le suivant : deux *tandas* de tango, une de *vals*, deux de tango, une de *milonga* et ainsi de suite.

Tango. La musique et sa danse d'accompagnement originaires du Río de la Plata, les villes portuaires de Buenos Aires et de Montevideo, en Uruguay, il y a plus d'un siècle. Voir aussi Tango argentin.

Tango argentin. Synonyme de tango, la musique et sa danse d'accompagnement originaires du Río de la Plata il y a plus d'un siècle. Nous spécifions le tango *argentin* pour le différencier du tango dansé en danse sociale ou « ballroom », qui a été radicalement transformé en quelque chose de très stylisé et voyant ainsi que standardisé.

Tanguero/tanguera. Un danseur ou une danseuse de tango.

Vals. Un des trois genres musicaux qui composent le tango argentin : tango, *milonga* et *vals* (valse). La valse est jouée sur une mesure à 3/4 (la *milonga* est en 2/4, le tango peut être en 2/4 ou en 4/4). Les danseurs utilisent les mêmes pas et la même technique dans les *vals* que dans le tango, mais ont tendance à sélectionner des figures qui coulent, basculent et tournent, tout en étant rapides et rythmées, afin d'exprimer à la fois le sentiment et la structure rythmique de la musique. Ils utilisent le premier temps de la mesure comme rythme de marche de base, ajoutant des pas accélérés ou des embellissements sur le deuxième et/ou le troisième temps, comme ils le veulent.

Volcada. Littéralement, cela signifie renversé. Dans le tango, c'est un mouvement hors axe dans lequel la guidée s'incline en avant, soutenu par le torse ou les bras du leader. Habituellement, la « chute » vers l'avant est accompagnée d'un *adorno* de sa jambe libre.

Voleo. Voir Boleo.

Andrea Shepherd
Photo par Isabelle-Blanche Pinpin

À PROPOS DE L'AUTEURE

Née à Toronto et élevée à Montréal, Andrea Shepherd a écrit et dansé toute sa vie. Elle a suivi son premier cours de ballet à l'âge de quatre ans, s'est essayée à tout, des claquettes au théâtre en passant par la salsa et est finalement tombée complètement amoureuse du tango argentin à la fin de la vingtaine.

À l'école, l'anglais a toujours été la matière préférée d'Andrea et celle où elle obtenait le plus de succès, même si elle n'a jamais été une élève très appliquée. Elle a commencé à écrire un journal personnel à 10 ans et a écrit à peu près tous les jours pendant 20 ans. Elle a commencé à écrire son premier roman à 13 ans et en a finalement terminé un à 51 ans.

En 1989, Andrea a obtenu un emploi de commis dans la salle de rédaction de *The Montreal Gazette*, dont elle a fait partie pendant 19 ans, gravissant plusieurs échelons jusqu'à un poste de réviseure et rédigeant occasionnellement des articles. Elle a également enseigné pendant une décennie au Département de journalisme de l'Université Concordia. En 2008, elle a quitté sa carrière afin de poursuivre son amour de la danse à temps plein. Contre toute attente et conseils appuyés, elle et son partenaire ont ouvert un studio de tango qui, 13 ans plus tard, est l'une des principales écoles de tango argentin à Montréal.

En 2014, Andrea a réuni son amour de la danse et de l'écriture lorsqu'elle a créé le blogue « La vie est un tango », qui a remporté plus de succès qu'elle ne l'aurait jamais imaginé et a finalement été à l'origine de ce livre.

Andrea vit à Montréal avec son partenaire, Wolf, leur fille Mia et leur fils Shane.

www.ingramcontent.com/pod-product-compliance
Lightning Source LLC
Chambersburg PA
CBHW072155100526
44589CB00015B/2235